Brot des Lebens

AF723662

KONKRETE LITURGIE

herausgegeben von Guido Fuchs

XAVER KÄSER

# Brot des Lebens

Eucharistische Andachten

VERLAG FRIEDRICH PUSTET
REGENSBURG

Bibliografische Information der Deutschen Nationalbibliothek

Die Deutsche Nationalbibliothek verzeichnet diese Publikation
in der Deutschen Nationalbibliografie;
detaillierte bibliografische Daten sind im Internet über
http://dnb.d-nb.de abrufbar.

ISBN 978-3-7917-2729-5
© 2015 Verlag Friedrich Pustet, Regensburg
Umschlagbild: Monstranz des Priesterseminars St. Georgen/Frankfurt a. M.
(Kunstwerkstatt Rauscher, Fulda 1959), Foto: Christoph Bremer
Layout und Umschlaggestaltung: Martin Veicht, Regensburg
Satz: MedienBüro Monika Fuchs, Hildesheim
Druck und Bindung: Friedrich Pustet, Regensburg
Printed in Germany 2015

Diese Publikation ist auch als eBook erhältlich:
eISBN 978-3-7917-6068-1 (epub)

Weitere Publikationen aus unserem Verlagsprogramm finden Sie unter:
www.verlag-pustet.de
www.liturgie-konkret.de

# INHALTSVERZEICHNIS

## ANDACHTEN IM KIRCHENJAHR



## ANDACHTEN IN BESTIMMTEN ANLIEGEN

## LIEDER

# VORWORT

„Aussetzung des Allerheiligsten." Diese Formulierung geht liturgischen Insidern ganz leicht von den Lippen. Abgesehen davon, dass ein Außenstehender damit überhaupt nichts anfangen kann: Ist uns selber bewusst, wovon wir sprechen?

Was ist „das Allerheiligste"? Dass den Menschen etwas heilig ist, sei es der Fußballverein, der Urlaub oder das Auto, das kennen wir. Der Superlativ davon ist dann das Heiligste. Katholische Christen verdoppeln aber noch den Superlativ und sprechen vom Allerheiligsten, also von etwas Unüberbietbarem, und das kann nur Gott sein. Zum zentralen Glaubensgut unserer Kirche gehört, dass Christus nicht nur im eucharistischen Mahl gegenwärtig wird, sondern in den gewandelten Gaben von Brot und Wein gegenwärtig bleibt. Gott ist in Jesus, in Gestalt des Brotes, real gegenwärtig, das ist unüberbietbar. So sprechen wir auch vom „allerheiligsten Sakrament des Altares".

Was heißt „aussetzen"? Das Wort kann ja auch eine negative Bedeutung haben, etwa wenn ein Kind ausgesetzt wird. In unserem Fall bedeutet es, dass wir das Allerheiligste an einem besonderen Platz sichtbar zur Verehrung und zur Anbetung aufstellen.

Die Anbetung des Allerheiligsten kam im Mittelalter zu ihrer Blüte, als die Ehrfurcht vor der Eucharistie so übermächtig wurde, dass man es nicht mehr wagte, Jesus in der heiligen Kommunion wirklich zu empfangen. Die Kirche musste sogar ein Gebot erlassen, dass man das doch wenigstens einmal im Jahr, möglichst zur Osterzeit, tun sollte. Inzwischen hat das Zweite Vatikanische Konzil den Mahlcharakter der heiligen Messe wieder ins Bewusstsein gerufen, so dass der Empfang der heiligen Kommunion bei uns selbstverständlich geworden ist, auch auf die Gefahr hin, dass es oft gedankenlos geschieht. Mit der Zunahme der Kommunionhäufigkeit nahm jedenfalls die eucharistische Anbetung spürbar ab.

Deshalb steht auch die Frage im Raum: Ist die eucharistische Anbetung außerhalb der Messfeier überholt? Sollen wir sie wieder ins Mittelalter zurückschicken? Wer aufmerksam durch unsere Kirchen schaut, vor, während und nach der heiligen Messe und auch tagsüber, der wird feststellen, dass uns eine ganz wichtige Geistesgabe verloren zu gehen droht, die Ehrfurcht vor Gott. Das Bewusstsein, dass ein Kirchenraum erfüllt ist von der Gegenwart Christi, müsste unser Verhalten, unsere Gesten, unsere Körpersprache prägen. Anbetung und Lobpreis sind Höchstformen religiösen Tuns. Eine Gemeinde kann noch so viele Aktivitäten vorweisen, von der Krabbelgruppe bis zum Seniorennachmittag: Wenn sie den Kontakt zum Allerheiligsten verliert, zu dem, der die Gemeinde wirklich trägt und hält, dann ist alles leeres, sinnloses Tun. Deshalb gehört die eucharistische Anbetung zu einem wesentlichen Vollzug gemeindlichen Lebens.

Vom heiligen Pfarrer von Ars wird folgende Geschichte überliefert: Ein Bauer kommt regelmäßig in die Kirche, bleibt lange da, ohne Gebetbuch und ohne Rosenkranz, nur den Blick zum Altar gerichtet. Der Pfarrer fragt ihn: „Was tust du denn hier die ganze Zeit über?" Der Bauer antwortet: „Ich schaue Ihn an, und Er schaut mich an. Das ist genug."

In der eucharistischen Anbetung geht es also zunächst darum, Jesus anzuschauen und sich von ihm anschauen zu lassen. So ist Anbetung erst einmal etwas ganz Persönliches zwischen Jesus und dem einzelnen Beter. Und auch wenn die Anbetungsstunde im Kreis der mitfeiernden Gemeinde gehalten wird, soll dem persönlichen Beten größtmöglicher Raum gegeben werden. Wenn in diesem Buch Anregungen gegeben werden, eine Anbetungsstunde in Gemeinschaft thematisch zu gestalten, dann sollte dies vor dem Hintergrund der Geschichte des Bauern gesehen werden: Jesus anschauen und sich von ihm anschauen lassen. Das wesentlichste Element einer solchen Anbetungsstunde ist deshalb die Stille. Auch die Elemente dieses Buches, die die Gedanken in eine Richtung lenken sollen, dürfen nicht „Schlag auf Schlag" aneinandergereiht werden, der ganze Gottesdienst sollte getragen sein von Ehrfurcht und Ruhe. Bei längeren Zeiten der Stille ist es auch sinnvoll, dass der Leiter des Gottesdienstes vorher sagt, wie lange (in Minuten) die Stille dauern soll, damit sich die Beter darauf einstellen können.

Das Buch ist so konzipiert, dass außer dem Gotteslob keine weiteren liturgischen Bücher benötigt werden. Wo das Gotteslob zu wenig themenbezogene Lieder aufweist, sind eigene Lieder in das

Buch aufgenommen, meist aus dem sogenannten Neuen Geistlichen Liedgut. Die Lieder sind nach Maßgabe der Möglichkeiten zu verwenden. Sie können für die Gemeinde kopiert und vervielfältigt werden, oder sie werden einem Solisten anvertraut, der sie – eventuell mit Gitarrenbegleitung – vorträgt. Manche Lieder eignen sich auch zum Vortrag als Gedicht, oder sie werden durch andere Lieder oder meditative Musik ersetzt. Ähnliches gilt auch für Lieder, die neu ins Gotteslob aufgenommen wurden und in der Gemeinde noch nicht bekannt sind.

Für den Gottesdienstleiter sind zwei Möglichkeiten angegeben. Priester und Diakon nehmen bei der Begrüßung die erste Formel, die die Gemeinde mit „Und mit deinem Geiste" beantwortet; beauftragte Laien nehmen den alternativ angegebenen Ruf. Nach dem Segenslied nehmen Priester und Diakon das Gebet zum eucharistischen Segen und segnen dann die Gemeinde mit der Monstranz bzw. mit dem Ziborium. Beauftragte Laien sprechen das alternativ angegebene Segensgebet, bekreuzigen sich dazu und bringen dann das Allerheiligste in den Tabernakel zurück. (Siehe auch Gotteslob Nr. 592,1–4)

Eine Möglichkeit, die in diesem Buch nicht eigens ausgeführt ist, aber eine mehrstündige Anbetung bereichern kann, wäre das Stundengebet der Kirche. Dazu bietet das Gotteslob eine Vielzahl von ausgearbeiteten Laudes und Vespern. Diese können so wie angegeben vor ausgesetztem Allerheiligsten gefeiert werden. Der Segen kann dann an der vorgesehenen Stelle von Priester oder Diakon mit der Monstranz gegeben werden. Das gilt für das Stundengebet, das in eine längere Anbetungszeit eingebettet ist. In einer als normales Abendlob angesetzten Vesper nach dem Magnificat noch schnell das Allerheiligste auszusetzen, nur damit der Segen feierlicher wird, ist nicht sinnvoll. Das Stundengebet hat seinen Wert in sich.

Ich danke dem Verlag Friedrich Pustet, vor allem Professor Dr. Guido Fuchs, der die Anregung zu diesem Buch hatte und es auch redaktionell betreut hat. Ich danke Paul Weishaupt für das Layout der Lieder. Ich widme dieses Buch meinen Freunden von der Wies-Schola, die meinen geistlichen Weg maßgeblich beeinflusst haben. Ich wünsche den Gemeinden, die dieses Buch verwenden, Gottes reichen Segen. Anbetung ist das sinnvollste, das eine Gemeinde tun kann.

*Xaver Käser*

# ANDACHTEN NACH DER HEILIGEN SCHRIFT

# BROT VOM HIMMEL

## ANDACHT ZU EX 16,10–12

**Kreuzzeichen** Im Namen des Vaters und des Sohnes
und des Heiligen Geistes. Amen.

**Liturgischer Gruß**

*V* Der Herr des Lebens sei mit euch.
*A* Und mit deinem Geiste.
*oder*
*V* Der Name des Herrn sei gepriesen.
*A* Von nun an bis in Ewigkeit.

**Einführung** Wenn uns der Hunger plagt, wünschen wir uns etwas zu essen. Und wenn nichts zum Essen da ist, werden wir unruhig. Das Volk Israel wurde auf seinem Zug durch die Wüste öfter unruhig, rief um Hilfe und machte seinem Unmut auch gegenüber Gott Luft. Und wie reagierte Gott? Er ließ Manna regnen, Brot vom Himmel, das alle Erquickung in sich barg. Jesus Christus, den wir jetzt im Sakrament verehren, ist die Antwort Gottes auf unseren Hilferuf. Er ist vom Himmel herabgekommen, damit wir überleben können.

**Lied zur Aussetzung**
GL 213,1–4 (O heilge Seelenspeise)

**Lobpreis**

*V* Hochgelobt und gebenedeit sei das allerheiligste Sakrament des Altares.
*A* Von nun an bis in Ewigkeit.

*V* Sei gepriesen, Herr Jesus Christus,
Sohn des lebendigen Gottes,
vom Himmel gesandt, um uns das Leben zu bringen.

*Ruf* Du bist Licht und du bist Leben,
Christus, unsere Zuversicht (GL 373)

Sei gepriesen, Herr Jesus Christus,
Sohn des lebendigen Gottes,
im Brot, das den Hunger unseres Lebens stillt.

*Ruf*

Sei gepriesen, Herr Jesus Christus,
Sohn des lebendigen Gottes,
in deiner Gegenwart bis zum Ende der Zeiten.

*Ruf*

*V* Hochgelobt und gebenedeit sei das allerheiligste Sakrament des Altares.

*A* Von nun an bis in Ewigkeit.

**Schriftwort** Lesung aus dem Buch Exodus.
Während Aaron zur ganzen Gemeinde der Israeliten sprach, wandten sie sich zur Wüste hin. Da erschien plötzlich in der Wolke die Herrlichkeit des Herrn. Der Herr sprach zu Mose: Ich habe das Murren der Israeliten gehört. Sag ihnen: Am Abend werdet ihr Fleisch zu essen haben, am Morgen werdet ihr satt sein von Brot, und ihr werdet erkennen, dass ich der Herr, euer Gott, bin. (Ex 16,10–12)

**Impuls** Sie klingt sehr wundersam, die Geschichte vom Wachtelschwarm, der sich im Lager niederlässt, damit das Volk wieder einmal Fleisch zu essen bekommt, und vom Manna, das jeden Morgen um das Lager gesammelt werden kann. Gott geht es vordergründig nicht darum, dass das Volk satt wird, sondern vor allem darum, dass die Israeliten erkennen, dass er der Herr, ihr Gott, ist. Jesus Christus sagt von sich, dass er das wahre Brot ist, das vom Himmel herabgekommen ist. Im eucharistischen Mahl geht es nicht darum, dass wir uns satt essen, sondern dass wir erkennen, dass er unser Herr und Gott ist.

**Lied** GL 211,1–2.7–10 (Wir rühmen dich, König)

**Andacht** GL 675,8 (Lebendiges Brot)

**Stille Anbetung**

**Lied** Brot vom Himmel (s. S. 125)

**Fürbitten** Zu Christus, dem Brot, das vom Himmel herabgekommen ist, wollen wir beten.
Christus, Brot des Lebens: Wir bitten dich, erhöre uns. (nach GL 556,6)

- Wir beten für alle, die hungern und dürsten nach deiner Botschaft.
- Wir beten für alle, die hungern und dürsten nach Gerechtigkeit.
- Wir beten für alle, die hungern und dürsten nach Frieden und Freiheit.
- Wir beten für alle, die hungern und dürsten nach dem Sinn ihres Lebens.
- Wir beten für alle, die hungern und dürsten nach Liebe und Treue.
- Wir beten für alle, die hungern und dürsten nach Trost in ihrer Trauer.

**Vaterunser** Mit Christus beten wir gemeinsam zum Vater:
Vater unser …

**Gebet** Allmächtiger Gott, du hast uns deinen Sohn gesandt, damit er uns auf dem Weg durch die Wüsten unseres Lebens begleite und stärke. Lass uns an seiner Hand ans Ziel unserer irdischen Wanderschaft gelangen, in deine Herrlichkeit. Darum bitten wir durch ihn, Christus, unseren Herrn.

*A* Amen.

**Segenslied** GL 498 (Das Heil der Welt)

**Gebet zum eucharistischen Segen**
GL 592,4

*oder*

**Segensbitte** Der Herr segne und behüte uns.
Der Herr lasse sein Angesicht über uns leuchten
und sei uns gnädig.
Der Herr wende uns sein Angesicht zu
und schenke uns seinen Frieden.

*A* Amen.

Und der Segen des allmächtigen Gottes,
des Vaters und des Sohnes und des Heiligen Geistes,
komme auf uns herab und bleibe bei uns allezeit.

*A* Amen.

**Schlusslied** GL 453 (Bewahre uns, Gott)

# STEH AUF UND ISS!

## ANDACHT ZU 1 KÖN 19,3–8

**Kreuzzeichen** Im Namen des Vaters und des Sohnes und des Heiligen Geistes. Amen.

**Liturgischer Gruß**

*V* Der Herr, das Brot des Lebens, sei mit euch.
*A* Und mit deinem Geiste.
*oder*
*V* Jesus Christus schenkt sich uns im Brot des Lebens. Er sei gepriesen in Ewigkeit.
*A* Amen.

**Einführung** Steh auf und iss, sonst ist der Weg zu weit für dich. Wer sich auf eine Wanderung begibt, nimmt Proviant mit, damit er den Weg bestehen kann. Wer auf dem Pilgerweg des Lebens unterwegs ist, dem bietet Christus eine besondere Art von Proviant: Sich selber im Brot des Lebens. Ihn beten wir an und verehren wir.

**Lied zur Aussetzung**
GL 492 (Jesus, du bist hier zugegen)

**Lobpreis** GL 674,2

**Schriftwort** Lesung aus dem ersten Buch der Könige.
In jenen Tagen beschloss Königin Isebel, Elija zu töten. Elija geriet in Angst, machte sich auf und ging weg, um sein Leben zu retten. Er kam nach Beerscheba in Juda und ließ dort seinen Diener zurück. Er selbst ging eine Tagereise weit in die Wüste hinein. Dort setzte er sich unter einen Ginsterstrauch und wünschte sich den Tod. Er sagte: Nun ist es genug, Herr. Nimm mein Leben; denn ich bin nicht besser als meine Väter. Dann legte er sich unter den Ginsterstrauch und schlief ein. Doch ein Engel rührte ihn

an und sprach: Steh auf und iss! Als er um sich blickte, sah er neben seinem Kopf Brot, das in glühender Asche gebacken war, und einen Krug mit Wasser. Er aß und trank und legte sich wieder hin. Doch der Engel des Herrn kam zum zweiten Mal, rührte ihn an und sprach: Steh auf und iss! Sonst ist der Weg zu weit für dich. Da stand er auf, aß und trank und wanderte, durch diese Speise gestärkt, vierzig Tage und vierzig Nächte bis zum Gottesberg Horeb. (1 Kön 19,3–8)

**Impuls** Verlässt uns nicht auch oft die Kraft oder der Mut, unseren Weg weiter zu gehen? Erfolglosigkeit, Niedergeschlagenheit, fehlende Perspektive: Da möchte man sich doch auch einfach hinlegen und nicht mehr weiterleben. Da braucht es einen Engel, der uns anrührt und sagt: Steh auf und iss! Und da braucht es ein Brot, das uns stärkt auf dem Weg zu unserem nächsten Ziel.

Christus sagt von sich: Ich bin das lebendige Brot. Er stärkt uns auf unserem Weg durchs Leben. Aber den Engel, der uns auf dieses Brot aufmerksam macht: Sehen, hören, erleben wir ihn? Da müssen wir mit offenen Augen, offenen Ohren und bereitem Herzen durch die Welt gehen. Und wenn wir Mitmenschen treffen, die nicht mehr weiter wissen, dann müssen wir für sie Engel sein, sie anrühren und auf Jesus hinweisen: Steh auf und iss!

**Lied** Brot, dass die Hoffnung nährt (GL 378)

**Psalmgebet** Ps 30; GL 629,1.2

*oder*

**Litanei** Der Engel sagte: Steh auf und iss, sonst ist der Weg zu weit für dich.
Um das Brot, das mich stärkt, möchte ich bitten.

*V* Wenn ich nicht mehr weiter weiß:
*A* Dann stärke du mich, Herr!

*V* Wenn ich keinen Sinn mehr sehe
Wenn alle gegen mich sind
Wenn um mich alles dunkel ist
Wenn ich keine Hoffnung mehr habe
Wenn ich enttäuscht bin
Wenn ich verzweifelt bin
Wenn ich keinen Ausweg mehr sehe
Wenn alles trostlos erscheint
Wenn ich Gott nicht mehr verstehe
Wenn ich ausgebrannt bin
Wenn mich der Lebensmut verlassen hat

**Stille Anbetung**

**Liedruf** GL 365 (Meine Hoffnung und meine Freude)

**Fürbitten** Zu unserem Herrn Jesus Christus wollen wir beten für alle, die seine Stärkung brauchen: Erhöre uns, Herr, erhöre uns! (GL 632)

- Wir beten für unserer Kirche, die manchmal in Resignation und Angst verfallen will: Schenke ihr neuen Mut und neue Kraft durch deine befreiende Botschaft.
- Wir beten für alle, die auf der Suche nach dem Sinn ihres Lebens sind: Lass sie deine Nähe spüren.
- Wir beten für alle, die unter einem schweren Schicksalsschlag leiden: Schenke ihnen Hoffnung und Zuversicht.
- Wir beten für alle Opfer von Krieg, Terror und sinnlosem Leid: Zeige den Mächtigen Wege des Friedens und der Versöhnung.
- Wir beten für alle, die ihr Heil in Sucht und Drogen suchen: Lass sie nicht verloren gehen.
- Wir beten für alle, die mit dem Gedanken spielen, ihrem Leben ein Ende zu setzen: Sende Ihnen Menschen, die ihnen aufhelfen und sie begleiten.
- Wir beten für alle, die um einen lieben Verstorbenen trauern: Stärke sie durch den Glauben an die Auferstehung.

**Vaterunser** Alle unsere Bitten, die ausgesprochenen und die unausgesprochenen, fassen wir zusammen in dem Gebet, das der Herr uns zu beten gelehrt hat:
Vater unser …

**Gebet** Allmächtiger Gott, dein Sohn Jesus Christus ist für uns Mensch geworden und ist selbst in die Nöte der Menschen hinabgestiegen. Er hat sich uns als Speise gegeben, damit wir den Weg zum Gottesberg, dem Ziel unseres Lebens, gehen können. Wenn wir müde werden auf dem Weg zu dir, dann sende uns immer wieder einen Engel, der uns anrührt und auf das Brot des Lebens weist, auf Christus, deinen Sohn, der in der Einheit des Heiligen Geistes mit dir lebt und herrscht in Ewigkeit.

*A* Amen.

**Segenslied** GL 495 (Sakrament der Liebe Gottes)

**Gebet zum eucharistischen Segen**
GL 592,4

*oder*

**Segensbitte** GL 671,3

**Schlusslied** GL 440 (Hilf, Herr meines Lebens)

# UNSER TÄGLICHES BROT GIB UNS HEUTE

## ANDACHT ZU MT 6,9–13

**Kreuzzeichen** Im Namen des Vaters und des Sohnes
und des Heiligen Geistes. Amen.

**Liturgischer Gruß**

*V* Der Herr, der uns unser tägliches Brot gibt,
sei mit euch.

*A* Und mit deinem Geiste.

*oder*

*V* Aller Augen warten auf dich, o Herr,
Und du gibst ihnen Speise zur rechten Zeit.
Dich preisen wir in Ewigkeit.

*A* Amen.

**Einführung** Das Vaterunser ist uns allen vertraut, vielleicht schon so vertraut, dass wir es gedankenlos beten. Eine Bitte aus diesem Gebet wollen wir heute bewusst bedenken: Unser tägliches Brot gib uns heute. Im Angesicht unseres Herrn Jesus Christus, den wir in der Gestalt des Brotes verehren, bitten wir um das, was wir zum Leben brauchen.

**Lied zur Aussetzung**

GL 377 (O Jesu, all mein Leben bist du)

**Lobpreis** Gelobt und gepriesen sei ohne End

*A* Jesus im allerheiligsten Sakrament.

Herr Jesus Christus,
gegenwärtig im allerheiligsten Sakrament,
du schenkst dich uns im Zeichen eines Lebensmittels,
im Zeichen des Brotes.

*A* Sei gepriesen in Ewigkeit.

Herr Jesus Christus,
gegenwärtig im allerheiligsten Sakrament,
du willst für uns das Lebensmittel überhaupt sein,
ohne dich können wir nicht leben.

*A* Sei gepriesen in Ewigkeit.

Herr Jesus Christus,
gegenwärtig im allerheiligsten Sakrament,
du bist das Leben selbst,
in dir leben wir und sind wir.

*A* Sei gepriesen in Ewigkeit.

Gelobt und gepriesen sei ohne End
*A* Jesus im allerheiligsten Sakrament.

**Schriftwort** Lesung aus dem heiligen Evangelium nach Matthäus. Wenn ihr betet, sollt ihr nicht plappern wie die Heiden, die meinen, sie werden nur erhört, wenn sie viele Worte machen. Macht es nicht wie sie; denn euer Vater weiß, was ihr braucht, noch ehe ihr ihn bittet. So sollt ihr beten: Unser Vater im Himmel, dein Name werde geheiligt, dein Reich komme, dein Wille geschehe wie im Himmel, so auf der Erde. Gib uns heute das Brot, das wir brauchen. Und erlass uns unsere Schulden, wie auch wir sie unseren Schuldnern erlassen haben. Und führe uns nicht in Versuchung, sondern rette uns vor dem Bösen. (Mt 6,9–13)

**Impuls** Das Gebet, das Jesus uns gelehrt hat, beginnt zunächst mit einem Lobpreis. Gottes Name möge in Ehren gehalten werden, sein Reich möge kommen, sein Wille möge geschehen. Dann erst kommen die Bitten, die uns betreffen, und als erste die Bitte um das tägliche Brot. Mit dem „täglichen Brot“ ist alles gemeint, was wir zum Leben brauchen: Nahrung, Kleidung, Arbeit, Wohnung, ein freundliches Umfeld und eine intakte Umwelt. Dass es uns relativ gut geht, möge uns Ansporn sein, mitzuhelfen, dass andere

Menschen ähnlich leben können. Und vor allem Bitten sollen wir den Lobpreis nicht vergessen auf die Güte des Vaters, der uns als seine Kinder liebt.

**Lied** Ein Tisch und eine Bank (s. S. 132)

**Psalmgebet** Ps 145; GL 76,2 *(wechselseitig sprechen; wenn der Psalm gesungen wird, dann mit Kehrvers GL 87)*

**Stille Anbetung**

**Lied** GL 378 (Brot, das die Hoffnung nährt)

**Fürbitten** Zu Jesus Christus, der für uns zum Brot des Lebens geworden ist, beten wir: Kyrie eleison. (GL 619,5.6)

- Wir beten für die Menschen, die hungern, weil wir im Überfluss leben.
- Wir beten für die Arbeiterinnen, die unter unwürdigen Bedingungen unsere Kleider nähen.
- Wir beten für die Arbeitslosen, die nach Arbeit suchen, damit sie ihre Familie ernähren können.
- Wir beten für die Flüchtlinge und die Obdachlosen, die ein Dach über dem Kopf suchen.
- Wir beten für die Menschen, die ausgebrannt und verzweifelt sind.
- Wir beten für die Opfer von Krieg und Terror.
- Wir beten für alle, die nach dem Sinn des Lebens suchen.

**Vaterunser** Vater im Himmel, wir preisen dich, beten zu dir und bitten dich mit dem Gebet, das unser Herr Jesus Christus uns zu beten gelehrt hat:
Vater unser…

**Gebet** Guter Gott, wir wissen, dass du zur Erfüllung dieser Bitten auch uns einsetzen willst. Gib uns Kraft und Mut, für eine gerechtere Welt einzutreten, damit alle Menschen in Würde leben können. Darum bitten wir durch Christus, unseren Herrn.

*A* Amen.

**Segenslied** GL 495 (Sakrament der Liebe Gottes)

**Gebet zum eucharistischen Segen**
GL 592,4

*oder*

**Segensbitte** Der Herr segne uns.
Er gebe uns, was wir zum Leben brauchen.
Er wende uns sein Angesicht zu
und schenke uns seinen Frieden.

*A* Amen.

Und der Segen des allmächtigen Gottes,
des Vaters und des Sohnes und des Heiligen Geistes,
komme auf uns herab und bleibe bei uns allezeit.

*A* Amen.

**Schlusslied** GL 459 (Selig seid ihr)

# UND ALLE ASSEN UND WURDEN SATT

## ANDACHT ZU MK 6,34–44

**Kreuzzeichen** Im Namen des Vaters und des Sohnes
und des Heiligen Geistes. Amen.

**Liturgischer Gruß**

*V* Der Herr, das Brot des Lebens, sei mit euch.

*A* Und mit deinem Geiste.

*oder*

*V* Der Herr stillt unseren Hunger.
Er sei gepriesen in Ewigkeit.

*A* Amen.

**Einführung** Hunger ist eine menschliche Erfahrung. Unser Körper braucht Nahrung. Wenn er die nicht bekommt, dann meldet sich der Hunger. Er wird gestillt, wenn wir etwas zu essen bekommen. Unsere Seele braucht auch Nahrung. Ihr Hunger wird gestillt, wenn wir bei Jesus sind.

**Lied zur Aussetzung**
GL 498 (Das Heil der Welt)

**Lobpreis** GL 674,2

**Schriftwort** Lesung aus dem heiligen Evangelium nach Markus.
Als Jesus die vielen Menschen sah, die ihm folgten, hatte er Mitleid mit ihnen; denn sie waren wie Schafe, die keinen Hirten haben. Und er lehrte sie lange. Gegen Abend kamen seine Jünger zu ihm und sagten: Der Ort ist abgelegen und es ist schon spät. Schick sie weg, damit sie in die umliegenden Gehöfte und Dörfer gehen und sich etwas zu essen kaufen können. Er erwiderte: Gebt ihr ihnen zu essen! Sie sagten zu ihm: Sollen wir weggehen, für zweihundert Denare Brot kaufen und es ihnen geben, damit sie zu essen haben? Er sagte zu ihnen: Wie viele Brote habt ihr?

Geht und seht nach! Sie sahen nach und berichteten: Fünf Brote und außerdem zwei Fische. Dann befahl er ihnen, den Leuten zu sagen, sie sollten sich in Gruppen ins grüne Gras setzen. Und sie setzten sich in Gruppen zu hundert und zu fünfzig. Darauf nahm er die fünf Brote und die zwei Fische, blickte zum Himmel auf, sprach den Lobpreis, brach die Brote und gab sie den Jüngern, damit sie sie an die Leute austeilten. Auch die zwei Fische ließ er unter allen verteilen. Und alle aßen und wurden satt. Als die Jünger die Reste der Brote und auch der Fische einsammelten, wurden zwölf Körbe voll. Es waren fünftausend Männer, die von den Broten gegessen hatten. (Mk 6,34–44)

**Impuls** Wie soll man mit fünf Broten und zwei Fischen fünftausend Menschen satt bekommen? Die Jünger stellen diese Frage gar nicht, sie geben fraglos und klaglos ihre Vorräte heraus. Sie hätten ja sagen können: „Die sind für uns! Die anderen können sich doch selbst was besorgen.“ Aber sie geben sie heraus. Jesus vollzieht mit diesen Gaben einen Ritus, den er dann später im Abendmahlssaal wiederholen wird, die Brotbrechung. Er lässt die Jünger austeilen, und es reicht für alle. Auf der Welt herrscht Hunger, weil wir auf unseren Vorräten sitzen und sie nicht herausgeben: „Die anderen sollen selber schauen, wie sie zurechtkommen!“ Jesus lädt uns ein herzugeben, was wir haben, es von ihm segnen zu lassen und dann auszuteilen. Es würde für alle reichen.

**Lied** Fünf Brote und zwei Fische (s. S. 129)

**Meditation** Fünf Brote und zwei Fische,
was ist das für so viele?
Ein kläglicher Anfang,
aber Jesus bringt die Fülle.
Alle essen und werden satt.

*Ruf* Lobet den Herrn, preist seine Huld und Treue (GL 401)

Ein paar Weizenkörner,
ganz klein in die Erde gelegt.
Ein kleiner Anfang,
aber Gott lässt Fülle wachsen,
ein Weizenfeld für viele Brote.

*Ruf*

Zwölf Jünger,
Fischer und andere einfache Leute.
Ein bescheidener Anfang,
aber Jesus bringt die Fülle.
Sein Geist macht sie zum Fundament der Kirche.

*Ruf*

Unsere Schar der Beter,
die hier versammelt ist:
ein kleiner Teil unserer Gemeinde.
Aber Jesus gibt uns die Fülle seines Segens,
den wir austeilen an die anderen.

*Ruf*

**Lied** GL 378 (Brot, das die Hoffnung nährt)

**Stille Anbetung**

**Lied** GL 470 (Wenn das Brot, das wir teilen)

**Fürbitten** Zu unserem Herrn Jesus Christus, der den Hunger unseres Leibes und unserer Seele stillen will, beten wir voll Vertrauen: Herr, höre uns.

- Wir beten für deine Kirche, dass sie dich als Brot des Lebens in die Mitte ihrer Verkündigung stellt.
- Wir beten für die Verantwortlichen in Politik und Wirtschaft, dass sie den Menschen zu Arbeit und Brot verhelfen.
- Wir beten für die Hungernden in der Welt, dass sie ihren Anteil an den Gütern der Erde erhalten.
- Wir beten für die Satten in der Welt, dass sie die Not wahrnehmen und von ihrem Überfluss abgeben.
- Wir beten für die kirchlichen Hilfswerke, dass ihre Arbeit zum Wohl der Menschen Früchte trägt.
- Wir beten für unsere Gemeinde, dass wir geschwisterlich unseren Glauben teilen.

**Vaterunser** Unsere Bitten fassen wir zusammen in dem Gebet, das der Herr uns gelehrt hat:
Vater unser …

**Gebet** Guter Gott, in deinem Sohn Jesus Christus hast du uns deine Liebe und Fürsorge gezeigt. Wir sind in seine Nachfolge gerufen. Gib uns die Kraft, wie er die leiblichen und seelischen Nöte der Menschen zu lindern. Darum bitten wir durch ihn, Christus, unseren Herrn.

*A* Amen.

**Segenslied** GL 495 (Sakrament der Liebe Gottes)

**Gebet zum eucharistischen Segen**
GL 592,4

*oder*

**Segensbitte** GL 671,2

**Schlusslied** GL 453 (Bewahre uns, Gott, behüte uns, Gott)

# DAS IST MEIN LEIB

## ANDACHT ZU LK 22,19

**Kreuzzeichen** Im Namen des Vaters und des Sohnes
und des Heiligen Geistes. Amen.

**Liturgischer Gruß**

*V* Der Herr, der sich für uns hingegeben hat,
sei mit euch.

*A* Und mit deinem Geiste.

*oder*

*V* Der Name des Herrn sei gepriesen.

*A* Von nun an bis in Ewigkeit.

**Einführung** Der Herr ist in unserer Mitte. Nicht nur in Gedanken, nicht nur im Geiste, sondern leibhaftig, sichtbar in Gestalt des Brotes. Dieses Geheimnis des Glaubens wollen wir in dieser Stunde anbetend bedenken.

**Lied zur Aussetzung**

GL 282 (Beim letzten Abendmahle)

**Lobpreis** Wir beten dich an, Herr Jesus Christus,
und verkünden deinen Tod.

*Ruf* Kyrie eleison (GL 154)

Wir beten dich an, Herr Jesus Christus,
und preisen deine Auferstehung.

*Ruf*

Wir beten dich an, Herr Jesus Christus,
und erwarten dein Kommen in Herrlichkeit.

*Ruf*

**Schriftwort** Lesung aus dem heiligen Evangelium nach Lukas.
Am Abend vor seinem Leiden nahm Jesus beim Mahl das Brot, sprach das Dankgebet, brach das Brot und reichte es ihnen mit den Worten: Das ist mein Leib,

der für euch hingegeben wird. Tut dies zu meinem Gedächtnis. (Lk 22,19)

**Impuls** Das größte Geschenk, das Jesus zum Abschied seinen Jüngern und damit auch uns gemacht hat, ist er selber. So wie er das Brot bricht, so lässt er sich selber am Kreuz zerbrechen. Aber im Brot, das er den Jüngern reicht, bleibt er bei ihnen. Immer, wenn wir dieses Mahl zu seinem Gedächtnis feiern, wird er wieder neu gegenwärtig. Es ist kein Erinnerungsmahl, sondern Vergegenwärtigung. Das Brot, das wir anbetend verehren, erinnert uns nicht an Jesus, es ist Jesus selber. In der Anbetung werden wir ganz eins mit ihm, es ist „Kommunion" mit den Augen und mit dem Herzen. In der Eucharistiefeier dürfen wir das Brot empfangen, es ist „Kommunion" mit dem Mund und mit dem Herzen. Wir werden mit hineingenommen in seinen Tod, aber auch in seine Auferstehung. So erwarten wir sein Wiederkommen in Herrlichkeit, damit wir ihn endgültig schauen, wie er ist.

**Litanei** GL 562 (Betet an den Leib des Herrn)
*oder*
**Lied** Lob sei dir, Christus (s. S. 131)

**Andacht** GL 675,6

**Lied** GL 210 (Das Weizenkorn muss sterben)

**Stille Anbetung**

**Lied** GL 497,1.5.7 (Gottheit tief verborgen)

**Fürbitten** Jesus lädt uns immer wieder ein, das Abendmahl zu seinem Gedächtnis zu feiern. Wir bitten ihn: Erhöre uns, Herr, erhöre uns. (GL 632,1)

- Wir beten für deine Kirche: Lass alle Gläubigen die Eucharistiefeier als Höhepunkt und Quelle ihres Lebens begreifen.

- Wir beten für alle, die sich um eine würdige Feier der Eucharistie bemühen: Schenke ihnen Freude an der Gestaltung der Liturgie.
- Wir beten für die Gemeinden, die keinen eigenen Priester mehr haben: Halte die Sehnsucht nach der Eucharistie in ihnen wach.
- Wir beten für alle, die sich in ökumenischem Geist um Einheit bemühen: Versammle uns alle an deinem Tisch.
- Wir beten für alle, die die Kirche nur als Touristen oder als Kunstliebhaber besuchen: Lass sie von ihrer Schau zur Erahnung deiner Gegenwart kommen.
- Wir beten für alle, die sich von dir und deiner Kirche abgewandt haben: Begleite sie auf ihrem Lebensweg.

**Vaterunser** Wir danken dir, Herr Jesus Christus, für deine Gegenwart. Mit dir beten wir zum Vater, wie du uns gelehrt hast:
Vater unser …

**Gebet** Gott und Vater, dein Sohn hat uns versprochen, immer bei uns zu sein. Er ist bei uns im Brot, das uns nährt und in dem wir seine Gegenwart erfahren. Lass uns wachsen in Glaube, Hoffnung und Liebe, dass wir alle ein Leib und ein Geist werden in Christus, der mit dir lebt und herrscht in Ewigkeit.

*A* Amen.

**Segenslied** GL 495 (Sakrament der Liebe Gottes)

**Gebet zum eucharistischen Segen**
GL 592,4

*oder*

**Segensbitte** GL 671,3

**Schlusslied** GL 216,1.3 (Im Frieden dein)

# DA GINGEN IHNEN DIE AUGEN AUF

## ANDACHT ZU LK 24,28–35

**Kreuzzeichen** Im Namen des Vaters und des Sohnes
und des Heiligen Geistes. Amen.

**Liturgischer Gruß**

*V* Der Auferstandene sei mit euch.

*A* Und mit deinem Geiste.

*oder*

*V* Der Auferstandene ist in unserer Mitte.
Sein Name sei gepriesen.

*A* Von nun an bis in Ewigkeit.

**Einführung** „Mensch, war ich blind!" Diesen Stoßseufzer verwenden wir, wenn uns im Nachhinein etwas aufgeht, was eigentlich offensichtlich war. Den Jüngern von Emmaus ging es genauso. Ihren Weg wollen wir heute mitgehen und uns von Jesus die Augen öffnen lassen.

**Lied zur Aussetzung**

GL 361 (Mein schönste Zier)

**Lobpreis** Gelobt und gepriesen sei ohne End

*A* Jesus Christus im allerheiligsten Sakrament.

*V* Gepriesen seist du, Herr Jesus Christus,
gegenwärtig in der Gemeinschaft deiner Kirche,
wo zwei oder drei in deinem Namen versammelt sind.
Wir loben dich.

*A* Wir preisen dich.

*V* Gepriesen seist du, Herr Jesus Christus,
gegenwärtig im Wort, das du uns verkündest,
im Wort, das du uns deutest.
Wir loben dich.

*A* Wir preisen dich.

Gepriesen seist du, Herr Jesus Christus,
gegenwärtig im Brot, das du uns brichst,
in deinem Leib, der für uns hingegeben ist.
Wir loben dich.

*A* Wir preisen dich.

*V* Gepriesen seist du, Herr Jesus Christus,
gegenwärtig in der Welt,
die du der Vollendung entgegenführst.
Wir loben dich.

*A* Wir preisen dich.

*V* Gelobt und gepriesen sei ohne End
*A* Jesus Christus im allerheiligsten Sakrament.

**Schriftwort** Lesung aus dem heiligen Evangelium nach Lukas. Am ersten Tag der Woche waren zwei von den Jüngern Jesu auf dem Weg in ein Dorf namens Emmaus, das sechzig Stadien von Jerusalem entfernt ist. Während sie redeten und ihre Gedanken austauschten, kam Jesus hinzu und ging mit ihnen. Doch sie waren wie mit Blindheit geschlagen, so dass sie ihn nicht erkannten. Er aber legte ihnen dar, ausgehend von Mose und allen Propheten, was in der ganzen Schrift über ihn geschrieben steht. So erreichten sie das Dorf, zu dem sie unterwegs waren. Jesus tat, als wolle er weitergehen, aber sie drängten ihn und sagten: Bleib doch bei uns; denn es wird bald Abend, der Tag hat sich schon geneigt. Da ging er mit hinein, um bei ihnen zu bleiben. Und als er mit ihnen bei Tisch war, nahm er das Brot, sprach den Lobpreis, brach das Brot und gab es ihnen. Da gingen ihnen die Augen auf und sie erkannten ihn; dann sahen sie ihn nicht mehr. Und sie sagten zueinander: Brannte uns nicht das Herz in der Brust, als er unterwegs mit uns redete und uns den Sinn der Schrift erschloss? Noch in derselben Stunde brachen sie auf und kehrten nach Jerusalem zurück und sie fanden die Elf und die anderen Jünger versammelt. Diese sagten: Der Herr ist wirklich auferstanden und ist dem Simon erschienen. Da erzählten auch sie, was sie unterwegs erlebt und wie sie ihn erkannt hatten, als er das Brot brach. (Lk 24,13.15–16.27–35)

**Impuls** „Wie mit Blindheit geschlagen". So sind wir auch oft unterwegs. Beschäftigt mit unseren Alltagssorgen, mit großen und kleinen Problemen. Und wir merken gar nicht, dass da einer mit uns geht, der unsere Sorgen kennt und der sie uns tragen helfen möchte. Seltsam, dass die Jünger immer noch blind sind, als Jesus ihnen lang und breit die Schrift erklärt. Erst beim Mahl, beim Brechen des Brotes, gehen ihnen die Augen auf. Und rückblickend bemerken sie auch ihr brennendes Herz. Wo brennt unser Herz, vielleicht auch unbemerkt? Brennt es, wenn wir sein Wort hören und miteinander teilen? Und wo gehen uns die Augen auf? Ist es wirklich das Brechen des Brotes, die Feier der Eucharistie, die uns die Augen öffnet für Gottes Liebe? Im Zeichen des Brotes beten wir den Herrn an. Er bewahre uns ein brennendes Herz und offene Augen, damit wir seine Erlösungstat begreifen und mit ihm auferstehen.

**Lied** Ihr Christen, singet hocherfreut (s. S. 135)

**Christus-Gebet** GL 6,6

*In das Gebet von Johannes Bours (GL 6,6) werden folgende Preisungen eingefügt:*

1. denn du gehst unerkannt mit uns.
2. denn du erschließt uns die Schrift.
3. denn du brichst uns das Brot.
4. denn du öffnest uns die Augen.
5. denn du machst uns zu deinen Boten.

*Beispiel:*

*V* Herr Jesus Christus, Sohn des lebendigen Gottes,
du bist das Herz der Welt. Wir preisen dich,
denn du gehst unerkannt mit uns.

*A* Rette uns durch deinen Tod und deine Auferstehung
für die Ewigkeit in Gott.

*Dieses Gebet kann auch wie ein Rosenkranz gebetet werden. Statt des „Ave Maria“ wird dieses Christus-Gebet genommen, mit „Vaterunser“ eingeleitet und mit „Ehre sei dem Vater“ abgeschlossen.*

**Stille Anbetung**

**Lied** GL 325 (Bleibe bei uns, du Wandrer durch die Zeit)

**Fürbitten** Zu unserem Herrn und Wegbegleiter Jesus Christus beten wir voll Vertrauen:
Herr, bleibe bei uns, Halleluja. (GL 92)

- Wir beten für alle, die enttäuscht unterwegs sind: Sende ihnen aufmerksame Begleiter.
- Wir beten für alle, die sich mit deiner Botschaft auseinandersetzen: Sende ihnen deinen Heiligen Geist.
- Wir beten für alle, die die Botschaft von deiner Auferstehung weitersagen: Mache sie zu glaubwürdigen Zeugen.
- Wir beten für alle, die als Flüchtlinge und Asylbewerber zu uns kommen: Lass sie spüren, dass sie angenommen sind.
- Wir beten für alle, die sich in unserer Gemeinde für eine würdige Feier der Gottesdienste einsetzen: Lass sie deine Gegenwart in der Schönheit der Liturgie erfahren.
- Wir beten für alle, die wegen Krankheit oder Alter nicht mehr am Gottesdienst teilnehmen können: Lass sie durch uns trotzdem Gemeinschaft erfahren.
- Wir beten für alle, die uns im Tod vorausgegangen sind: Führe sie zum Mahl deiner Herrlichkeit.

**Vaterunser** Mit dem Auferstandenen beten wir, wie er uns zu beten gelehrt hat:
Vater unser …

**Gebet** Guter Gott, in der Auferstehung deines Sohnes Jesus Christus hast du uns auf den Weg des Lebens geführt. Gib uns ein brennendes Herz und offene Augen, dass wir das Wunder deiner Liebe erkennen und mit Christus zur ewigen Herrlichkeit gelangen. Darum bitten wir durch ihn, Christus, unseren Herrn.

*A* Amen.

**Segenslied** GL 498 (Das Heil der Welt)

**Gebet zum eucharistischen Segen**
GL 592,4

*oder*

**Segensbitte** Der Herr segne uns.
Er bewahre unsere Herzen und Gedanken
in der Gemeinschaft mit Christus,
der mit uns auf dem Weg ist,
uns die Schrift deutet
und das Brot mit uns bricht.
Und so segne uns der allmächtige Gott,
der Vater und der Sohn und der Heilige Geist.

**Schlusslied** GL 447 (Die Gott suchen)

# ICH BIN DAS LEBENDIGE BROT

## ANDACHT ZU JOH 6,28–35.49–51

**Kreuzzeichen** Im Namen des Vaters und des Sohnes
und des Heiligen Geistes. Amen.

**Liturgischer Gruß**
Der Herr, das Brot des Lebens, sei mit euch.
*A* Und mit deinem Geiste.
*oder*
*V* Der Herr schenkt sich uns im Brot des Lebens.
Er sei gepriesen in alle Ewigkeit.
*A* Amen.

**Einführung** Brot ist Nahrung. Unser Leib braucht Brot, sonst verhungern wir. Unsere Seele braucht auch Brot zum Leben, sonst verhungert sie. Jesus Christus ist uns das lebendige Brot, das uns ewiges Leben schenkt. Dankbar preisen wir ihn.

**Lied zur Aussetzung**
GL 497,1.3.5.7 (Gottheit tief verborgen)

**Lobpreis** GL 675,8 *(ab „Stille“ bis S. 892 unten)*

**Schriftwort** Lesung aus dem heiligen Evangelium nach Johannes.
Die Leute fragten Jesus: Was müssen wir tun, um die Werke Gottes zu vollbringen? Jesus antwortete ihnen: Das ist das Werk Gottes, dass ihr an den glaubt, den er gesandt hat. Sie entgegneten ihm: Welches Zeichen tust du, damit wir es sehen und dir glauben? Was tust du? Unsere Väter haben das Manna in der Wüste gegessen, wie es in der Schrift heißt: Brot vom Himmel gab er ihnen zu essen. Jesus sagte zu ihnen: Amen, amen, ich sage euch: Nicht Mose hat euch das Brot vom Himmel gegeben, sondern mein Vater gibt euch das wahre Brot vom Himmel. Denn das Brot, das Gott gibt, kommt vom Himmel herab und gibt der Welt das

Leben. Da baten sie ihn: Herr, gib uns immer dieses Brot! Jesus antwortete ihnen: Ich bin das Brot des Lebens; wer zu mir kommt, wird nie mehr hungern, und wer an mich glaubt, wird nie mehr Durst haben. Eure Väter haben in der Wüste das Manna gegessen und sind gestorben. So aber ist es mit dem Brot, das vom Himmel herabkommt: Wenn jemand davon isst, wird er nicht sterben. Ich bin das lebendige Brot, das vom Himmel herabgekommen ist. Wer von diesem Brot isst, wird in Ewigkeit leben. (Joh 6,28–35.49–51)

**Impuls**

Was ist denn der Unterschied zwischen dem „Brot vom Himmel" des Alten Bundes und dem „wahren Brot vom Himmel" des Neuen Bundes? Das Manna in der Wüste half dem Volk Israel, den Zug durch die Wüste zu überstehen. Aber alle, die dieses Brot vom Himmel gegessen hatten, mussten irgendwann doch einmal sterben. Mit dem Neuen Bund treten wir in eine ganz neue Dimension ein. Wir verlassen die Zeit und tauchen in die Ewigkeit ein. Mit Jesus gibt es keinen endgültigen Tod mehr. Er ist das Brot des Lebens, das bedeutet: Er ist das Brot, das ewiges Leben spendet. Er setzt sogar noch eine Steigerung dazu, wenn er sagt: Ich bin das lebendige Brot, das bedeutet: Er ist selbst das Leben. Mit Jesus hat die Ewigkeit begonnen. Irdisches Leben mit Hunger und Durst mündet in ewiges Leben, unser irdischer Tod ist Durchgang zur Vollendung in Gott.

**Lied**

GL 484,1–2.6 (Dank sei dir, Vater)

**Lobpreis**

Der heilige Thomas von Aquin hat nicht nur die bedeutendsten theologischen Werke des Mittelalters geschrieben, sondern auch die innigsten Gebete gedichtet. Das Nachdenken über Gott mündete bei ihm ins Gebet, und das Gebet mündete ins Nachdenken über Gott. Das könnte auch eine Anregung für uns sein. Mit den Worten des heiligen Thomas preisen wir den eucharistischen Herrn.

*Ruf* Dies Brot ist mein Leib für das Leben der Welt (GL 214)

Lobe, Zion, deinen Hirten,
dem Erlöser der Verirrten
stimme Dank und Jubel an.
Lass dein Lob zum Himmel dringen;
ihn zu rühmen, ihm zu singen,
hat kein Mensch genug getan.

*Ruf*

Er ist uns im Brot gegeben,
Brot, das lebt und spendet Leben,
Brot, das Ewigkeit verheißt,
Brot, mit dem der Herr im Saale
dort beim österlichen Mahle
die zwölf Jünger hat gespeist.

*Ruf*

Seht das Brot, der Engel Speise,
Brot auf unsrer Pilgerreise,
das den Hunger wahrhaft stillt.
Abrams Opfer hats gedeutet,
war im Manna vorbereitet,
fand im Osterlamm sein Bild.

*Ruf*

Guter Hirt, du Brot des Lebens,
wer dir traut, hofft nicht vergebens,
geht getrost durch diese Zeit.
Die du hier zu Tisch geladen,
ruf auch dort zum Mahl der Gnaden
in des Vaters Herrlichkeit.

*Ruf*

*Aus der Fronleichnamssequenz des Thomas von Aquino 1263/64*
*Übertragung: Maria Luise Thurmair 1972* *© Verlag Herder, Freiburg*

**Stille Anbetung**

**Lied** GL 364,1–2.5 (Schönster Herr Jesu)

**Gebet** GL 676,9

**Lied** GL 377 (O Jesu, all mein Leben bist du)

**Fürbitten** Zu Jesus Christus, dem wahren Brot vom Himmel, beten wir:
Christus, Brot des Lebens: Wir bitten dich, erhöre uns. (nach GL 556,6)

- Wir beten um Einsicht für alle, die nach dem Sinn des Lebens suchen.
- Wir beten um Begleitung für unsere Kinder und Jugendlichen.
- Wir beten um Segen für unsere Familien.
- Wir beten um Gerechtigkeit für die Hungernden in der Welt.
- Wir beten um Einheit für die getrennten Kirchen.
- Wir beten um Frieden für die zerstrittene Welt.
- Wir beten um ewiges Leben für unsere Verstorbenen.

**Vaterunser** Mit dir beten wir voll Vertrauen zum Vater:
Vater unser …

**Gebet** Guter Gott, wir danken dir, dass du uns deinen Sohn geschenkt hast. Er lebt in uns, er ist der Weg, die Wahrheit und das Leben. Schenke uns durch ihn die ewige Vollendung bei dir. Darum bitten wir durch ihn, Christus, unseren Herrn.

*A* Amen.

**Segenslied** GL 495 (Sakrament der Liebe Gottes)

**Gebet zum eucharistischen Segen**
GL 592,4

*oder*

**Segensbitte** Der Vater schaue voll Liebe auf seine Kinder.
Der Sohn schenke uns im Brot sein Leben.
Der Heilige Geist stärke uns auf unserem Weg.
So segne uns der dreieinige Gott,
der Vater und der Sohn und der Heilige Geist.

*A* Amen.

**Schlusslied** GL 367 (Jesus, dir leb ich)

# SIE BRACHEN IN IHREN HÄUSERN DAS BROT

## ANDACHT ZU APG 2,44–47

**Kreuzzeichen** Im Namen des Vaters und des Sohnes und des Heiligen Geistes. Amen.

**Liturgischer Gruß**

*V* Der Herr sei mit euch.

*A* Und mit deinem Geiste.

*oder*

*V* Der Herr ist in unserer Mitte.
Er sei gepriesen in alle Ewigkeit.

*A* Amen.

**Einführung** Christus hat uns versprochen, dass, wo zwei oder drei in seinem Namen versammelt sind, er mitten unter ihnen sei. Er ist nicht nur hier in der Kirche, er ist auch in unseren Häusern und Familien mitten unter uns, wenn wir uns in seinem Namen versammeln.

**Lied zur Aussetzung**
GL 378 (Brot, das die Hoffnung nährt)

**Lobpreis** GL 674,2

**Schriftwort** Lesung aus der Apostelgeschichte.
Alle, die gläubig geworden waren, bildeten eine Gemeinschaft und hatten alles gemeinsam. Sie verkauften Hab und Gut und gaben davon allen, jedem so viel, wie er nötig hatte. Tag für Tag verharrten sie einmütig im Tempel, brachen in ihren Häusern das Brot und hielten miteinander Mahl in Freude und Einfalt des Herzens. Sie lobten Gott und waren beim ganzen Volk beliebt. Und der Herr fügte täglich ihrer Gemeinschaft die hinzu, die gerettet werden sollten. (Apg 2,44–47)

**Impuls** Die Familie als Hauskirche und Gottesdienstgemeinschaft: Für uns, die wir uns zum Gottesdienst in der Kirche versammeln, ist das ein eher ungewöhnliches Bild. In der Jerusalemer Gemeinde war das offensichtlich noch üblich, zum Beten in den Tempel zu gehen, man fühlte sich dem jüdischen Glauben an Jahwe ja noch verbunden, aber zum Brotbrechen, zur Eucharistiefeier, versammelte der Hausvater die Seinen zuhause um den Familientisch. Inzwischen ist die Geschichte weitergegangen. Das Haus wurde durch die große Kirche und der Hausvater durch den geweihten Priester abgelöst. Die Aufgabe der Familie aber als Keimzelle der Gemeinde ist geblieben. Hier soll der Glaube weitergegeben werden, hier soll gemeinsam gebetet und gefeiert werden.

**Kanon** Wo zwei oder drei (s. S. 133)

**Meditation** Herr Jesus Christus, du bist Mensch geworden
und in einer Familie aufgewachsen.
So hast du menschliche Liebe erfahren,
hast Eltern erlebt, die sich um dich gesorgt haben
und bist an ihrer Hand groß geworden.

*Ruf* Ubi caritas et amor (GL 445)

Den Menschen, die dir nachgefolgt sind,
hast du Gott als den liebenden Vater gezeigt,
als Hirte, der dem verlorenen Schaf nachgeht,
als gütigen Arbeitsherrn, der jedem gibt,
was er braucht,
als verzeihenden Vater für den heimkehrenden Sohn.
Du hast uns gezeigt: Gott ist die Liebe.

*Ruf*

Du hilfst den Familien in unserer Gemeinde,
du hilfst den Vätern und Müttern,
den Glauben an Gott weiterzugeben
und die Liebe Gottes spürbar zu machen.

*Ruf*

Du hast gesagt:
Wer den Willen meines Vaters tut,
der ist für mich Schwester und Bruder und Mutter.
So hast du mit allen, die dir nachgefolgt sind,
eine neue Familie begründet.
Alle sollen in Liebe eins sein.

*Ruf*

**Stille Anbetung**

**Lied** GL 543,1.4 (Wohl denen, die da wandeln)

**Andacht** GL 678,4 (*ab „Stille"*)
*Dieser Andachtsteil enthält auch die Fürbitten.*

**Segenslied** GL 495 (Sakrament der Liebe Gottes)

**Gebet zum eucharistischen Segen**
GL 592,4

*oder*

**Segensbitte** GL 671,3

**Schlusslied** GL 440 (Hilf, Herr meines Lebens)

# EIN BROT UND EIN LEIB

## ANDACHT ZU 1 KOR 10,16–17

**Kreuzzeichen** Im Namen des Vaters und des Sohnes
und des Heiligen Geistes. Amen.

**Liturgischer Gruß**
Gnade und Friede
in der heiligen Versammlung der Kirche
sei mit euch.

*A* Und mit deinem Geiste.

*oder*

*V* Im Namen Jesu Christi sind wir hier versammelt.
Er sei gelobt in alle Ewigkeit.

*A* Amen.

**Einführung** Aus vielen verschiedenen Richtungen sind wir hier zum Gottesdienst gekommen. Aber jetzt sind wir hier als Gemeinschaft der Glaubenden. In Christus sind wir vereint.

**Lied zur Aussetzung**
GL 477 (Gott ruft sein Volk zusammen)

**Lobpreis** GL 674,2

**Schriftlesung** Lesung aus dem ersten Brief des Apostels Paulus an die Korinther.
Ist der Kelch des Segens, über den wir den Segen sprechen, nicht Teilhabe am Blut Christi? Ist das Brot, das wir brechen, nicht Teilhabe am Leib Christi? E i n Brot ist es. Darum sind wir viele e i n Leib; denn wir alle haben teil an dem einen Brot. (1 Kor 10,16–17)

**Impuls** Jeder von uns hat seine persönliche Beziehung zu Gott und zu Jesus Christus. Gleichzeitig bilden wir aber auch eine große Gemeinschaft, wir gehören zum Volk Gottes. Wie die einzelnen Körner jetzt zusammen einen Brotlaib bilden, so sind wir ein Leib. Mehr noch: Dieser Leib ist Christus selber, wir sind Teil von ihm, wir sind jetzt nicht nur als Einzelpersonen anbetend vor Christus versammelt, sondern als ein Leib in Christus.

**Lied** GL 483,1.5 (Halleluja – Ihr seid das Volk)

**Meditation** Wir haben Teil an dem einen Brot.
Dieses Brot ist der Leib Christi.
Wer sieht die Weizenkörner noch im Brot?
Sie alle sind aufgegangen im Brot,
sind ein Brot geworden.
So gehen wir in Christus auf,
so werden wir eins mit ihm.

*Ruf* Ein Leib und viele Glieder in Christus, unserm Herrn. (*aus* GL 477,2)

Wir sind verbunden,
nicht nur mit Christus,
sondern auch untereinander.
Eine untrennbare Einheit.
Wir bilden einen einzigen Leib,
genährt und belebt
von ein und demselben Brot.
Geheimnis des Glaubens:
Wir empfangen den Leib Christi,
und wir sind der Leib Christi.

*Ruf*

Spüren wir das im Alltag unseres Lebens?
Wenn wir alle in Christus so vereint sind
wie die Weizenkörner im Brot,
dann müssten wir auch untereinander spüren:
Wir sind eins.
Dann dürfte es keinen Streit geben,
keinen Neid und keine Feindschaft.
Hat uns Christi Liebe schon vereint?

*Ruf*

**Stille Anbetung**

**Lied** GL 210 (Das Weizenkorn muss sterben)

**Fürbitten** Zu Christus, dem Haupt seiner Kirche, wollen wir beten: Christus, höre uns. (GL 586,4)

- Wir beten für den Papst und die Bischöfe, dass sie die Kirche nach dem Willen Christi leiten.
- Wir beten für die Priester und Diakone, dass sie ihren Dienst in den Gemeinden mit Freude ausüben.
- Wir beten für alle, die sich in den Gemeinden engagieren, dass sie sich von Enttäuschungen nicht entmutigen lassen.
- Wir beten für unsere Familien, dass sie den Glauben miteinander teilen und weitergeben.
- Wir beten für die Christen aller Konfessionen, dass sie spüren, dass sie mehr verbindet als trennt.
- Wir beten für unsere Gemeinde, dass wir immer mehr Leib Christi werden.

**Vaterunser** Im Geist, der uns eint, beten wir mit Christus zum Vater:
Vater unser …

**Gebet** Guter Gott, aus allen Völkern hast du deine Kirche zusammengeführt und in deinem Sohn Jesus Christus geeint. Stärke sie auf ihrem Weg durch die Zeit und führe uns alle in deine Herrlichkeit. Darum bitten wir durch Christus, unseren Herrn.

*A* Amen.

**Segenslied** GL 495 (Sakrament der Liebe Gottes)

**Gebet zum eucharistischen Segen**
GL 592,4

*oder*

**Segensbitte** GL 671,3

**Schlusslied** GL 487 (Nun singe Lob, du Christenheit)

# KOSTET UND SEHT, WIE GUT DER HERR IST

## ANDACHT ZU PS 34,2–11

**Kreuzzeichen** Im Namen des Vaters und des Sohnes
und des Heiligen Geistes. Amen.

**Liturgischer Gruß**

*V* Der Herr sei mit euch.
*A* Und mit deinem Geiste.
*oder*
*V* Der Name des Herrn sei gepriesen.
*A* Von nun an bis in Ewigkeit.

**Einführung** Kostet und seht, wie gut der Herr ist. Dieser biblischen Einladung wollen wir heute nachgehen. Der Herr ist unter uns, wirklich und leibhaftig. Er ist gegenwärtig im Brot, das wir in der heiligen Kommunion kosten. Er ist gegenwärtig im Brot, das wir jetzt anbetend schauen.

**Lied zur Aussetzung** GL 492 (Jesus, du bist hier zugegen)

**Lobpreis** GL 674,2

**Schriftwort** Lesung aus dem Buch der Psalmen.
Ich will den Herrn allezeit preisen; immer sei sein Lob in meinem Mund. Meine Seele rühme sich des Herrn; die Armen sollen es hören und sich freuen. Verherrlicht mit mir den Herrn, lasst uns gemeinsam seinen Namen rühmen. Ich suchte den Herrn und er hat mich erhört, er hat mich all meinen Ängsten entrissen. Blickt auf zu ihm, so wird euer Gesicht leuchten und ihr braucht nicht zu erröten. Da ist ein Armer; er rief, und der Herr erhörte ihn. Er half ihm aus all seinen Nöten. Der Engel des Herrn umschirmt alle, die ihn fürchten und ehren, und er befreit sie. Kostet und seht, wie gütig der Herr ist; wohl dem, der zu ihm

sich flüchtet! Fürchtet den Herrn, ihr seine Heiligen; denn wer ihn fürchtet, leidet keinen Mangel. Reiche müssen darben und hungern; wer aber den Herrn sucht, braucht kein Gut zu entbehren. (Ps 34,2–11)

**Impuls** Der 34. Psalm beginnt mit einer dankbaren Preisung der Güte Gottes. Unter seinem Schutz kann man sich sicher und geborgen fühlen. Und dann kommt der Vers, den wir auch auf die heilige Eucharistie übertragen: Kostet und seht, wie gütig der Herr ist. Der Beter will damit sagen: Die Güte des Herrn ist nicht etwas Abstraktes. Die Güte des Herrn kann man wirklich spüren, schmecken und sehen. Wer sich auf Gott einlässt, kann ihn mit all seinen Sinnen erfahren. Das gilt auch für die heilige Eucharistie. Wir können ihn auch beim Empfang der Kommunion in der Hand spüren und im Mund schmecken. Wir können sein Wort hören, wir können den Weihrauch riechen, der zu seiner Ehre verbrannt wird, und wir können mit unseren Füßen den Weg gehen, den er uns weist. Jesus ist ein menschgewordener Gott, der auch unsere menschlichen Sinne berührt.

**Lied** Lob sei dem Herrn (s. S. 134)

**Biblischer Lobpreis**

Christus ist allen alles geworden.
So kann ihn jeder auf unterschiedliche Weise erfahren.
Mit allen Sinnen wollen wir Jesus in der heiligen Schrift nachgehen.

*Ruf* Kostet, kostet und seht: Gut ist der Herr (GL 212)

Jesus lässt sich sehen:
Wir haben seine Herrlichkeit gesehen,
die Herrlichkeit des einzigen Sohnes vom Vater,
voll Gnade und Wahrheit.
Als Johannes Jesus auf sich zukommen sah,
sagte er: Seht das Lamm Gottes,
das die Sünde der Welt hinwegnimmt.

*Ruf*

Jesus lässt sich hören:
Und aus der Wolke rief eine Stimme:
Das ist mein geliebter Sohn, auf ihn sollt ihr hören.
Es war eine große Menschenmenge versammelt
und hörte ihm mit Freude zu.
Und Jesus sprach:
Wer Ohren hat zum Hören, der höre!

*Ruf*

Jesus lässt sich riechen:
Paulus schreibt an die Korinther:
Dank sei Gott,
der uns stets im Siegeszug Christi mitführt
und durch uns den Duft der Erkenntnis Christi
an allen Orten verbreitet.
Denn wir sind Christi Wohlgeruch für Gott
unter denen, die gerettet werden.

*Ruf*

Jesus lässt sich berühren:
Denn Jesus heilte viele,
so dass alle, die ein Leiden hatten,
sich an ihn herandrängten,
um ihn zu berühren.
Alle Leute versuchten, ihn zu berühren,
denn es ging eine Kraft von ihm aus,
die alle heilte.

*Ruf*

Jesus lässt sich verzehren:
Während des Mahls nahm Jesus das Brot
und sprach den Lobpreis;
dann brach er das Brot, reichte es ihnen
und sagte: Nehmt, das ist mein Leib.
Dann nahm er den Kelch,
sprach das Dankgebet, reichte ihn den Jüngern,
und sie tranken alle daraus.
Und er sagte zu ihnen:
Das ist mein Blut, das Blut des Bundes,
das für viele vergossen wird.

*Ruf*

**Stille Anbetung**

**Lied** GL 213 (O heilge Seelenspeise)

**Fürbitten** Unseren Herrn Jesus Christus, der uns die Güte und Menschenfreundlichkeit seines Vaters nahe gebracht hat, wollen wir bitten. Kyrie eleison (GL 154)

- Wir beten für alle, die Verantwortung tragen in der Kirche: dass sie den Menschen helfen, Gott im Leben der Kirche erlebbar zu machen.
- Wir beten für alle, die den Glauben an die Kinder weitergeben, für Eltern, Erzieher und Religonslehrer: dass sie vorleben, was sie glauben.
- Wir beten für die Künstler, die geistliche Räume gestalten: dass ihre Werke die Menschen ansprechen und zu Gott hinführen.
- Wir beten für alle, die mit der Gestaltung der Liturgie beauftragt sind, für Gottesdiensthelfer, Lektoren, Organisten, Sänger und Ministranten: dass sie ihr Mitwirken als Dienst am Aufbau der Gemeinde verstehen.
- Wir beten für alle, die in der Diakonie den Armen und Kranken dienen: dass sie mit Kraft, Ausdauer und Geduld den Menschen die Güte Gottes vermitteln.

**Vaterunser** Mit Christus beten wir zum Vater, wie er selbst uns zu beten gelehrt hat:
Vater unser …

**Gebet** Gott, wir danken dir, dass du uns in Jesus Christus deine Güte spürbar gemacht hast. Lass uns in seiner Nachfolge diese Güte in der Welt verbreiten, bis wir alle in der Ewigkeit deine Herrlichkeit schauen. Darum bitten wir durch Christus, unseren Herrn.

*A* Amen.

**Segenslied** GL 495 (Sakrament der Liebe Gottes)

**Gebet zum eucharistischen Segen**
GL 592,4

*oder*

**Segensbitte** GL 671,3

**Schlusslied** GL 427 (Herr, deine Güt ist unbegrenzt)

# DU DECKST MIR DEN TISCH

## ANDACHT ZU PS 23

**Kreuzzeichen** Im Namen des Vaters und des Sohnes
und des Heiligen Geistes. Amen.

**Liturgischer Gruß**

*V* Der Herr, unser guter Hirte, sei mit euch.
*A* Und mit deinem Geiste.
*oder*
*V* Der Herr, unser guter Hirte, lädt uns ein.
Ihm sei die Ehre in Ewigkeit.
*A* Amen.

**Einführung** Im Zeitalter von Fastfood und Zwischendurch-Snacks ist der festlich gedeckte Tisch des gemeinsamen Mahles selten geworden. Nur bei besonderen Anlässen nehmen wir uns dazu Zeit. Wenn Jesus uns zum Mahl lädt, ist dieser besondere Anlass gegeben. Wir nehmen uns Zeit für ihn und für uns.

**Lied zur Aussetzung** GL 492 (Jesus, du bist hier zugegen)

**Lobpreis** Hochgelobt und gebenedeit
sei das allerheiligste Sakrament des Altares.
*A* Von nun an bis in Ewigkeit.

Herr Jesus Christus, guter Hirte,
du führst uns den rechten Weg.
Kyrie eleison. (GL 155)

Herr Jesus Christus, guter Hirte,
du lädst uns an deinen Tisch.
Christe eleison.

Herr Jesus Christus, guter Hirte,
bei dir sind wir geborgen.
Kyrie eleison.

| | |
|---|---|
| *V* | Hochgelobt und gebenedeit sei<br>das allerheiligste Sakrament des Altares. |
| *A* | Von nun an bis in Ewigkeit. |

**Schriftwort** Lesung aus dem Buch der Psalmen.
Du deckst mir den Tisch vor den Augen meiner Feinde. Du salbst mein Haupt mit Öl, du füllst mir reichlich den Becher. Lauter Güte und Huld werden mir folgen mein Leben lang, und im Haus des Herrn darf ich wohnen für lange Zeit. (Ps 23,5–6)

**Impuls** Der Psalm 23, aus dem wir die Lesungsworte gehört haben, ist eines der schönsten Vertrauenslieder des Alten Bundes. Neben dem Bild des Hirten, bei dem die Herde geborgen ist, steht das Bild des gedeckten Tisches. Gastfreundschaft ist heute noch im Orient etwas Heiliges. Wer zum Mahl geladen ist, ist auch sicher vor Verfolgung, die Feinde müssen vor der Türe warten und zusehen, wie ihr Opfer am gedeckten Tisch Platz nimmt, wie ihm das Haupt gesalbt und der Becher gefüllt wird. Asyl bei Gott, da haben die Feinde das Nachsehen. Wenn Jesus uns zum Mahl lädt, dann dürfen wir uns auch bei ihm sicher und geborgen fühlen.

**Lied** GL 146,1.4 (Du rufst uns, Herr, an deinen Tisch)

**Einführung zu Psalm 23**

Der Herr ist mein Hirte.
Damit ist zunächst Gott selbst gemeint,
der uns durchs Leben führt,
durch trockene Wüsten zu Wasserquellen,
der auch in finsteren Schluchten bei uns ist,
der uns am Ende den Tisch bereitet
und uns für immer bei sich wohnen lässt.
Jesus sagt von sich: Ich bin der gute Hirt.
Er will uns durchs Leben führen,
durch trockene Wüsten zu Wasserquellen,
er will auch in finsteren Schluchten bei uns sein.
Er hat uns uns beim letzten Abendmahl

den Tisch bereitet und lädt uns ein,
immer wieder mit ihm Mahl zu halten.
So ist aus dem Gottespsalm ein Jesuspsalm geworden.
Wir wollen ihn abwechselnd singen (beten).

**Psalm** Ps 23; GL 37,1.2 *(wechselseitig sprechen oder singen)*

**Stille Anbetung**

**Lied** GL 421,1.3 (Mein Hirt ist Gott der Herr)

**Meditation** Wie sollen wir uns den Himmel vorstellen?
Jesus hat uns den Himmel immer nur in Bildern ausgemalt.
Ein immer wiederkehrendes Bild
ist das Bild vom Hochzeitsmahl.
Der König lädt ein, und alle dürfen kommen,
alle dürfen an der festlich gedeckten Tafel feiern.
Das ist ein Bild für den Himmel:
Es ist für alles gesorgt,
es gibt zu essen und zu trinken,
man freut sich in guter Gesellschaft aneinander,
alle Sorgen und Nöte bleiben vor der Tür,
es herrschen nur Glück und Zufriedenheit.
Und der Hausherr feiert mit uns. –
Das ist doch ein erstrebenswertes Ziel:
Und im Haus des Herrn darf ich wohnen auf ewig.

**Lied** GL 421,4

**Fürbitten** Zu Jesus Christus, der uns zu seinem Mahl geladen hat, lasset uns beten: Herr, erbarme dich. (GL 181,1)

- Für alle, die er gerufen hat: Um Glaube, Hoffnung und Liebe lasset zum Herrn uns beten.
- Für alle, die seine Einladung ausschlagen: Um Einsicht und Umkehr lasset zum Herrn uns beten.
- Für die Hungernden: Um Brot und Gerechtigkeit lasset zum Herrn uns beten.
- Für alle Bedrängten und Verfolgten: Um Schutz und Hilfe lasset zum Herrn uns beten.

- Für die Völker der Erde: Um Frieden und Freiheit lasset zum Herrn uns beten.
- Für unsere Verstorbenen: Um die ewige Freude lasset zum Herrn uns beten.

**Vaterunser** Lasst uns beten, wie der Herr uns gelehrt hat:
Vater unser …

**Gebet** Großer Gott, du schaust voll Liebe auf uns. Begleite uns durch dieses Leben, bis wir einst beim Hochzeitsmahl des ewigen Lebens mit dir vereint sind. Darum bitten wir durch Christus, unseren Herrn.

*A* Amen.

**Segenslied** GL 495 (Sakrament der Liebe Gottes)

**Gebet zum eucharistischen Segen**
GL 592,4

*oder*

**Segensbitte** Zum Hochzeitsmahl des ewigen Lebens
geleite uns der dreieinige Gott,
der Vater und der Sohn und der Heilige Geist.

**Schlusslied** GL 453 (Bewahre uns, Gott, behüte uns, Gott)

# ANDACHTEN IM KIRCHENJAHR

# ERWARTET DEN HERRN!

## ANDACHT IM ADVENT

**Kreuzzeichen** Im Namen des Vaters und des Sohnes
und des Heiligen Geistes. Amen.

**Liturgischer Gruß**

*V* Der Herr, auf den wir warten, sei mit euch.
*A* Und mit deinem Geiste.
*oder*
*V* Der Herr wird kommen als König.
Ihm sei Anbetung und Dank in Ewigkeit.
*A* Amen.

**Einführung** Advent, die Zeit der Erwartung. Die Geschäftswelt erwartet gute Umsätze im Weihnachtsgeschäft. Die Christen warten auf den Herrn. In seiner Menschwerdung ist er bereits zu uns gekommen, im Brot der Eucharistie ist er noch immer bei uns. Aber er wird leibhaftig wiederkommen am Ende der Zeit. Darauf warten wir.

**Lied zur Aussetzung**

GL 218,1–2 (Macht hoch die Tür)

**Lobpreis** Herr Jesus Christus,
du bist in die Welt gekommen,
als kleines Kind, ein Mensch wie wir.

*Ruf* Dir sei Preis und Dank und Ehre (GL 670,8)

Du hast uns die Botschaft von Gottes Liebe gebracht. Du bist für uns gestorben. Du bist von den Toten erstanden.

*Ruf*

Du willst bei uns sein bis zum Ende der Zeit.
Im Zeichen des Brotes schenkst du uns deine Gegenwart.

*Ruf*

Du hast uns deinen Geist geschenkt,
dass wir in deiner Kraft leben.

*Ruf*

Am Ende der Zeit wirst du wiederkommen,
um die Welt zu vollenden.

*Ruf*

**Schriftwort** Jesus sprach zu seinen Jüngern: Seid wachsam! Denn ihr wisst nicht, an welchem Tag euer Herr kommt. Bedenkt: Wenn der Herr des Hauses wüsste, zu welcher Stunde in der Nacht der Dieb kommt, würde er wach bleiben und nicht zulassen, dass man in sein Haus einbricht. Darum haltet auch ihr euch bereit! Denn der Menschensohn kommt zu einer Stunde, in der ihr es nicht erwartet. (Mt 24,42–44)

**Impuls** Advent ist ein lateinisches Wort und heißt frei übersetzt: Es kommt jemand. Wenn man die Menschen fragt, auf wen wir im Advent warten, dann werden die meisten antworten: Wir warten auf die Geburt Jesu in Betlehem. Diese Geburt war aber schon vor über 2000 Jahren, darauf brauchen wir nicht mehr zu warten. Wir können uns auf die Feier seines Geburtstages am 25. Dezember vorbereiten. Aber er selber ist ja schon da. Der Advent der Kirche hat noch eine tiefere Dimension. Wir beten im Glaubensbekenntnis: „Von dort wird er kommen, zu richten die Lebenden und die Toten." Wir warten also auf sein Wiederkommen am Ende der Zeit. Das letzte Buch der Bibel, die Offenbarung des Johannes, endet mit den Worten: Amen, Komm, Herr Jesus! Maranatha! Wir leben in der Zeit zwischen seinem ersten Kommen in Betlehem und seinem zweiten Kommen am Letzten Tag. Und diese Zeit sollen wir nützen, um so zu leben, dass wir am Ende vor seinem Gericht bestehen können.

**Lied** Maranatha (s. S. 128)

**Andacht** GL 680,9 (Wiederkunft)

**Lied** GL 233 (O Herr, wenn du kommst)

**Rosenkranzgebet** GL 4,8 (Die trostreichen Geheimnisse)

**Stille Anbetung**

**Lied** GL 552 (Herr, mach uns stark)

**Bitten** Lasst uns beten zu Jesus Christus, der kommen wird, um die Welt zu vollenden.

*Ruf* Komm, Herr Jesus, Maranatha (GL 634,6)

- Komm und schenke uns Augen, die dein Wirken in der Welt erkennen.
- Komm und schenke uns Ohren, die im Lärm dieser Tage dein Wort nicht überhören.
- Komm und schenke und einen Mund, der deine Frohe Botschaft weitersagt.
- Komm und schenke uns Hände, die mithelfen beim Aufbau einer gerechten Welt.
- Komm und schenke uns ein Herz, das ganz für dich geöffnet ist.

**Vaterunser** Ja, komm, Herr Jesus, du Sehnsucht und Hoffnung der Welt. Wie du uns gelehrt hast, beten wir zum Vater:
Vater unser …

**Gebet** Allmächtiger Gott, dein Sohn Jesus Christus ist Mensch geworden, um uns zu erlösen. In seinem Tod und in seiner Auferstehung hat er uns das Leben gebracht. Am Ende der Zeit wird er wiederkommen, um die Welt zu vollenden. Hilf uns, nach seinem Wort so zu leben, dass wir an seiner Hand in dein himmlisches Reich gelangen. Darum bitten wir durch ihn, Christus, unseren Herrn.

*A* Amen.

**Segenslied** GL 218,4–5

**Gebet zum eucharistischen Segen**
GL 592,4

*oder*

**Segensbitte** Die erste Ankunft des Erlösers
sei uns Unterpfand der ewigen Herrlichkeit,
die er uns schenken wird,
wenn er wiederkommt in Herrlichkeit.
Das gewähre uns der dreieinige Gott,
der Vater und der Sohn und der Heilige Geist.

**Schlusslied** GL 523 (O Maria, sei gegrüßt)

# UND DAS WORT IST MENSCH GEWORDEN

## ANDACHT IN DER WEIHNACHTSZEIT

**Kreuzzeichen** Im Namen des Vaters und des Sohnes und des Heiligen Geistes. Amen.

**Liturgischer Gruß**

*V* Der Herr, das ewige Wort des Vaters, sei mit euch.
*A* Und mit deinem Geiste.

*oder*

*V* Das Wort ist Fleisch geworden und hat unter uns gewohnt.
Ihm sei Ehre in Ewigkeit.
*A* Amen.

**Einführung** Für viele Menschen bildet das Weihnachtsfest den Abschluss eines wochenlangen Trubels. Dabei beginnt an Weihnachten etwas ganz Neues. Gott ist Mensch geworden, um uns zu erlösen. Mit der Menschwerdung des Gottessohnes hat das Reich Gottes unter uns seinen Anfang genommen. Das feiern wir.

**Lied zur Aussetzung**

GL 251,1.3–4 (Jauchzet, ihr Himmel)

**Lobpreis** GL 675,2 *(S. 882 ab „Stille" bis „Du Wort und Liebe")*

**Schriftlesung** Lesung aus dem heiligen Evangelium nach Johannes. Im Anfang war das Wort, und das Wort war bei Gott, und Gott war das Wort. Im Anfang war es bei Gott. Alles ist durch das Wort geworden, und ohne das Wort wurde nichts, was geworden ist. Und das Wort ist Fleisch geworden und hat unter uns gewohnt, und wir haben seine Herrlichkeit gesehen, die Herrlichkeit des einzigen Sohnes vom Vater, voll Gnade und Wahrheit. (Joh 1,1–3.14)

**Impuls** Mit dem Beginn seines Evangeliums hat der Evangelist Johannes Bezug genommen auf den Beginn der ganzen Bibel. Da sprach Gott: „Es werde!", und es wurde. Licht und Leben, die ganze Schöpfung wurde durch sein Wort. Und dieses Wort wird nun Mensch, macht sich ganz klein, kommt als hilfloses Kind zur Welt. Gott kommt in seine Schöpfung, er wird einer von uns. Aber bei aller Krippenseligkeit dürfen wir weiter sehen: Jesus bleibt kein Kind, er wird erwachsen, er lehrt uns Gottes Liebe, er bringt Heil in die Welt, er stirbt für uns und schenkt uns durch seine Auferstehung ewiges Leben. Weihnachten ist der Beginn unserer Erlösung, ab Weihnachten gehen wir endgültig auf unsere Vollendung zu. „Christ, der Retter, ist da" und nimmt uns an die Hand. Mit ihm gehen wir in Gottes Herrlichkeit.

**Andacht** GL 675,2 *(ab S. 882 unten „Wort Gottes, Mensch geworden …")*

**Lied** GL 247 (Lobt Gott, ihr Christen alle gleich)

**Meditation** Anfang des Heiles
Die Mitte der Nacht ist der Anfang des Tages.
Und die Zeit, in der Sonn und Jahr sich wenden,
ist die Zeit Jesu Christi,
der uns aufgeht als das wahre Licht,
das allen leuchtet, die in Finsternis sitzen
und im Schatten des Todes.

*Ruf* Das Licht leuchtet in der Finsternis (GL 636,1)

Wir sind das Volk, das im Dunkel lebt,
wir sind die, die im Land der Finsternis wohnen.
Da sprach Gott: Es werde Licht!
Und es wurde Licht – in Betlehem.

*Ruf*

Und es wurde Licht in Nazaret,
in Kapharnaum und Kana.
Es wurde Licht auf dem Berg der Seligpreisungen,

es wurde Licht im ganzen Land,
auf Tabor und zuletzt am Fuß von Golgota,
als der Stein des Grabes weggewälzt war.

*Ruf*

Und es wurde Licht in Jerusalem,
als ein Feuersturm des Geistes
eine verängstigte Schar von Jüngern
zu begeisterten Boten des Evangeliums machte.

*Ruf*

Und es wird Licht in unserer Gemeinde,
die mit Weihnachten
den Beginn unserer Erlösung feiert,
die aufbricht und mitgeht,
um das Reich Gottes den Menschen
erfahrbar zu machen.

*Ruf*

**Stille Anbetung**

**Lied** GL 252,1.4.7 (Gelobet seist du, Jesu Christ)

**Fürbitten** Dem Chor der Engel, der über dem Stall von Betlehem Gott lobte, schließen wir uns an mit Lobpreis und Bitte: Ehre Gott in der Höhe, Friede den Menschen auf Erden. (GL 168,2 – *Kv*)

- Ehre sei Gott in der Höhe – und Friede auf Erden denen, für die kein Platz in unseren Herbergen und Herzen ist.
- Ehre sei Gott in der Höhe – und Friede auf Erden denen, die unter Tyrannei, Krieg und Katastrophen leiden.
- Ehre sei Gott in der Höhe – und Friede auf Erden denen, die in der Finsternis von Angst und Verzweiflung leben.
- Ehre sei Gott in der Höhe – und Friede auf Erden denen, die einsam und allein sind.
- Ehre sei Gott in der Höhe – und Friede auf Erden denen, für die Weihnachten keine Bedeutung hat.
- Ehre sei Gott in der Höhe – und Friede auf Erden denen, die um einen lieben Verstorbenen trauern.

**Vaterunser** Guter Gott, in deiner Liebe bist du uns nahe. Zu dir beten wir, wie dein Sohn Jesus Christus uns zu beten gelehrt hat:
Vater unser …

**Gebet** Allmächtiger Gott, dein ewiges Wort ist in Jesus Christus Mensch geworden. Seitdem haben wir Anteil am Glanz deines Lichtes. Lass uns in diesem Licht leben, bis wir vollendet werden in deiner Herrlichkeit. Darum bitten wir durch Christus, unseren Herrn.

*A* Amen.

**Segenslied** GL 495 (Sakrament der Liebe Gottes)

**Gebet zum eucharistischen Segen**
GL 592,4

*oder*

**Segensbitte** In Christus hat Gott Himmel und Erde verbunden.
Durch ihn schenke er uns Gnade, Freude und Frieden.
Das gewähre uns der dreieinige Gott,
der Vater und der Sohn und der Heilige Geist.

**Schlusslied** GL 238 (O du fröhliche)

# KEHRT UM UND GLAUBT

## ANDACHT IN DER FASTENZEIT

**Kreuzzeichen** Im Namen des Vaters und des Sohnes
**und des Heiligen Geistes. Amen.**

**Liturgischer Gruß**

*V* Der Herr, der uns zur Umkehr ruft, sei mit euch.
*A* Und mit deinem Geiste.
*oder*
*V* Jetzt ist sie da, die Zeit des Heiles.
Der Name des Herrn sei gepriesen.
*A* Von nun an bis in Ewigkeit.

**Einführung** Fasten ist „in". Besonders nach den üppigen Weihnachtstagen überbieten sich die Zeitschriften mit Vorschlägen für Fastenkuren. Dabei geht es meist darum, auf einfache Weise überflüssige Pfunde loszuwerden. Das Fasten im Christentum meint aber etwas ganz anderes. Das Aschenkreuz am Beginn der Fastenzeit will uns sagen: Mensch, besinne dich auf deine Existenz! Kehre um und glaube an das Evangelium!

**Lied zur Aussetzung**
GL 282 (Beim letzten Abendmahle)

**Lobpreis** Hochgelobt und gebenedeit
sei das allerheiligste Sakrament des Altares.
*A* Von nun an bis in Ewigkeit.

Herr Jesus Christus, gegenwärtig auf dem Altar,
du schenkst uns die heiligen 40 Tage
als Zeit der Gnade und des Heiles.
Wir loben dich.

*A* Wir preisen dich.

| | |
|---|---|
| *V* | Du warst selbst 40 Tage in der Wüste,<br>hast gefastet und gebetet<br>und dem Versucher widerstanden.<br>Wir loben dich. |
| *A* | Wir preisen dich. |
| *V* | 40 Tage bereiten wir uns auf das Osterfest vor.<br>Du gehst mit uns, du stärkst uns,<br>und du machst uns frei für das Osterlob<br>jetzt und immer.<br>Wir loben dich. |
| *A* | Wir preisen dich. |
| *V* | Hochgelobt und gebenedeit<br>sei das allerheiligste Sakrament des Altares. |
| *A* | Von nun an bis in Ewigkeit. |
| **Schriftlesung** | Lesung aus dem heiligen Evangelium nach Markus. Nachdem man Johannes ins Gefängnis geworfen hatte, ging Jesus wieder nach Galiläa; er verkündete das Evangelium Gottes und sprach: Die Zeit ist erfüllt, das Reich Gottes ist nahe. Kehrt um, und glaubt an das Evangelium. (Mk 1,14–15) |
| **Impuls** | Wer in die falsche Richtung abgebogen ist, dem sagt das Navi: Bei nächster Gelegenheit wenden! So ist es auch in unserem Leben. Wenn wir in die falsche Richtung unterwegs sind, dann müssen wir umkehren. Die Kirche ist so eine Art „Navi“, wenn sie vor das Fest der Auferstehung des Herrn eine Zeit der Umkehr und der Buße legt. Sie empfiehlt uns, unseren Lebensweg in den Blick zu nehmen und zu schauen, ob die Richtung noch stimmt. Sie preist die Fastenzeit sogar als „Zeit des Heiles“. Sie lädt uns ein, alles was uns belastet, loszuwerden, um frei und freudig dem Osterfest entgegengehen zu können. |
| **Kanon** | Kehrt um und glaubt (s. S. 127) |

**Meditation** „Fasten your seat belt! Machen Sie Ihren Sicherheitsgurt fest!"
Das leuchtet im Flieger bei Start und Landung auf. Wer denkt dabei an Fasten? Und doch haben das englische und das deutsche Wort die gleiche Wurzel. „Fasten" kommt von „Festmachen".
Die Fastenzeit ist also eine Zeit, sich festzumachen. Aber woran kann ich mich festmachen?
Jesus gibt uns die Antwort: Haltet euch an das Evangelium! Fasten heißt den Sicherheitsgurt des Glaubens anlegen. Fasten heißt den Sicherheitsgurt des Evangeliums anlegen. Fasten heißt sich an Jesus selbst festmachen.
Wer dieses Angebot Jesu ernst nimmt, für den ist die Fastenzeit kein lästiges Übel. Denn er weiß sich gehalten von Jesus. Und mit ihm ist er immer in der richtigen Richtung unterwegs.

**Psalmgebet** Wer sich auf den Herrn einlässt,
der erfährt Barmherzigkeit und Erlösung in Fülle.
Der Beter des 130. Psalms erfährt das bildhaft:
Aus der Tiefe des ersten Psalmverses
wächst die Heilsgewissheit im letzten Psalmvers.
Wir beten (singen) nun diesen Psalm.

**Psalm** Ps 130; GL 639,3.4

**Lobpreis auf das Erbarmen des Herrn**

Herr Jesus Christus, Herr voll Erbarmen:
Du hast Mahl gehalten mit den Sündern.
Du lädst auch mich an deinen Tisch.
Dein Erbarmen, Herr, will ich in Ewigkeit preisen.

*Ruf* Misericordias Domini (GL 657,6)

Du hast die Sünder zur Umkehr gebracht.
Du lädtst auch mich ein, frei zu werden
von der Sünde.
Dein Erbarmen, Herr, will ich in Ewigkeit preisen.

*Ruf*

Du hast die Herzen der Menschen gewandelt.
Du willst auch mich verwandeln.
Dein Erbarmen, Herr, will ich in Ewigkeit preisen.

*Ruf*

Du bist den Menschen nachgegangen wie der Hirt dem verlorenen Schaf.
Du gibst auch mich nicht auf.
Dein Erbarmen, Herr, will ich in Ewigkeit preisen.

*Ruf*

Du hast die Menschen für das Reich deines Vaters bereitet.
Du willst auch mich in die Vollendung führen.
Dein Erbarmen, Herr, will ich in Ewigkeit preisen.

*Ruf*

**Stille Anbetung**

**Lied** GL 266,2–3.6 (Bekehre uns, vergib die Sünde)

**Fürbitten** Unseren Herrn Jesus Christus, der alle Menschen liebt und retten will, bitten wir um sein Erbarmen: Herr, erbarme dich. (GL 157)

- Erbarme dich deiner Kirche, dass sie deine Heilsbotschaft verkündet und so selbst Zeichen des Heiles wird.
- Erbarme dich derer, die den Glauben verloren haben, dass sie glaubwürdigen Zeugen begegnen.
- Erbarme dich derer, die unter Schuld und Versagen leiden, dass sie Kraft für einen Neuanfang finden.
- Erbarme dich der Mächtigen dieser Erde, dass sie sich von der Sehnsucht nach Frieden leiten lassen.
- Erbarme dich derer, die in deinem Namen Terror verbreiten, dass sie ihren Irrweg erkennen und umkehren.
- Erbarme dich derer, die von Hunger, Verfolgung und Krieg gequält werden, dass sie in Ruhe und Sicherheit leben können.
- Erbarme dich derer, die um einen lieben Verstorbenen trauern, dass sie Trost und Hilfe erfahren.

**Vaterunser** Du, Herr, hast uns das Erbarmen deines Vaters gezeigt. Mit dir beten wir, wie du uns gelehrt hast:
Vater unser …

**Gebet** Allmächtiger Gott, du hast deinen Sohn nicht in die Welt gesandt, damit er die Welt richtet, sondern damit die Welt durch ihn gerettet wird. Hilf uns umzukehren und die österliche Bußzeit so zu begehen, dass sie uns zum Heil wird. Darum bitten wir durch Christus, unseren Herrn.

*A* Amen.

**Segenslied** GL 474 (Wenn wir das Leben teilen)

**Gebet zum eucharistischen Segen**

GL 592,4

*oder*

**Segensbitte** Der Herr segne uns,
er begleite uns durch die heiligen 40 Tage,
er lasse sein Angesicht über uns leuchten
und schenke uns seinen Frieden.
Das gewähre uns der dreieinige Gott,
der Vater und der Sohn und der Heilige Geist.

*A* Amen.

**Schlusslied** GL 446 (Lass uns in deinem Namen, Herr)

# BLEIBET HIER UND WACHET MIT MIR

## ANDACHT AM GRÜNDONNERSTAG

*Das Allerheiligste wurde aus der Kirche in den Anbetungsraum übertragen.*

**Einführung** Nach dem Abendmahl ging Jesus mit seinen Jüngern zum Ölberg hinaus. Er forderte sie auf, mit ihm zu wachen und zu beten. Auch wir sind jetzt mit Jesus versammelt, um zu wachen und zu beten.

*Ruf* Bleibet hier und wachet mit mir (GL 286 – *mehrmals singen)*

**Schriftwort** Lesung aus dem heiligen Evangelium nach Markus. Sie kamen zu einem Grundstück, das Getsemani heißt, und er sagte zu seinen Jüngern: Setzt euch und wartet hier, während ich bete. Und er nahm Petrus, Jakobus und Johannes mit sich. Da ergriff ihn Furcht und Angst, und er sagte zu ihnen: Meine Seele ist zu Tode betrübt. Bleibt hier und wacht! Und er ging ein Stück weiter, warf sich auf die Erde nieder und betete, dass die Stunde, wenn möglich, an ihm vorübergehe. Er sprach: Abba, Vater, alles ist dir möglich. Nimm diesen Kelch von mir! Aber nicht, was ich will, sondern was du willst soll geschehen. Und er ging zurück und fand sie schlafend. Da sagte er zu Petrus: Simon, du schläfst? Konntest du nicht einmal eine Stunde wach bleiben? Wacht und betet, damit ihr nicht in Versuchung geratet. Der Geist ist willig, aber das Fleisch ist schwach. Und er ging wieder weg und betete mit den gleichen Worten. Als er zurückkam, fand er sie wieder schlafend, denn die Augen waren ihnen zugefallen; und sie wussten nicht, was sie ihm antworten sollten. Und er kam zum dritten Mal und sagte zu ihnen: Schlaft ihr immer noch und ruht euch aus? Es ist genug. Die Stunde ist gekommen; jetzt wird der Menschensohn den Sündern ausgeliefert.

Steht auf, wir wollen gehen! Seht, der Verräter, der mich ausliefert, ist da. (Mk 14,32–42)

**Impuls** Petrus, Jakobus und Johannes, der „harte Kern" der Jünger: Sie waren immer mit Jesus, sie waren dabei, als er die Tochter des Jaïrus von den Toten erweckte, sie waren dabei, als Jesus sie auf dem Tabor einen Bick auf seine göttliche Herrlichkeit schauen ließ. Und jetzt, da es ernst wird, schlafen sie ein. Nicht nur einmal, sogar dreimal! Welch eine Enttäuschung! Aber wenn wir ehrlich sind, dann sind wir doch auch oft wie die Jünger. Da ist jemand, der uns braucht, der uns mitnimmt in eine ernste Situation, der auf uns bauen will. Und wir haben keine Kraft, keine Ausdauer, keinen Mut. Wie oft sind wir schlafende Jünger! Schlafende Jünger für Jesus, der mit uns Gottes Reich erfahrbar machen will, und schlafende Jünger für unsere Mitmenschen, die uns brauchen. Dieses „Simon, du schläfst? Konntest du nicht eine einzige Stunde mit mir wachen?", trifft uns immer und immer wieder.

*Ruf* Simon, du schläfst? (s. S. 131)

Herr Jesus Christus,
wir sind mit dir am Ölberg versammelt.
Wir schauen auf unser Leben.
Wie oft baust du auf uns,
wenn wir dich in der Kirche feiern
und in der Gesellschaft
für dich Zeugnis ablegen sollen.
Und wie oft enttäuschen wir dich,
sind müde von den Geschäften des Alltags
und lassen dich im Stich.
Da trifft uns dein Ruf:

*Ruf*

Wie oft bauen Mitmenschen auf uns,
die in Not sind,
die nicht mehr weiterwissen,
die Halt suchen an uns.
Und wir sind müde, überlastet,

nehmen ihre Not nicht wahr,
lassen sie im Stich.
Da trifft uns dein Ruf:

*Ruf*

Herr,
wir wollen heute deinen Ruf nicht überhören.
Wir wollen wachsam sein, wo jemand uns braucht,
wir wollen aufmerksam sein, wo jemand nach uns ruft,
wir wollen da sein, wo jemand unsere Nähe sucht.
Wir wollen auch wach sein für dich und deine Botschaft.
Hilf uns, zu wachen und zu beten.
Rüttle uns immer wieder auf mit deinem Ruf:

*Ruf*

**Christus-Gebet** GL 6,6

*In das Gebet von Johannes Bours (GL 6,6) werden folgende Preisungen eingefügt:*

1. denn du hast für uns Blut geschwitzt.
2. denn du willst uns bei dir haben.
3. denn du baust auf uns.
4. denn du bist für uns in den Tod gegangen.
5. denn du liebst uns, auch wenn wir versagen.

*Beispiel*

*V* Herr Jesus Christus, Sohn des lebendigen Gottes,
du bist das Herz der Welt. Wir preisen dich,
denn du hast für uns Blut geschwitzt.

*A* Rette uns durch deinen Tod und deine Auferstehung
für die Ewigkeit in Gott.

*Dieses Gebet kann auch wie ein Rosenkranz gebetet werden. Statt des „Ave Maria“ wird dieses Christus-Gebet genommen, mit „Vaterunser“ eingeleitet und mit „Ehre sei dem Vater“ abgeschlossen.*

**Stille Anbetung**

**Lied** Wir wollten seine Freunde sein (s. S. 130)

**Fürbitten**

Wir beten zu unserem Herrn Jesus Christus, der in seiner dunkelsten Stunde von allen verlassen war: Erhöre uns, Christus. (GL 181,3)

- Wir beten für alle, die in Not sind und Hilfe brauchen.
- Wir beten für alle, die einsam sind und Beistand brauchen.
- Wir beten für alle, die traurig sind und Trost brauchen.
- Wir beten für alle, die enttäuscht sind und neue Hoffnung brauchen.
- Wir beten für alle, die müde sind und neue Kraft brauchen.

**Vaterunser**

Herr, du hast die Enttäuschung am eigenen Leib erfahren. Mit dir bringen wir unsere Bitten zum Vater und beten:
Vater unser …

**Gebet**

Allmächtiger Gott, du bist „Jahwe“, du bist bei uns. Wir bitten dich: Schenke uns offene Augen, offene Ohren und ein offenes Herz, damit wir wach bleiben für die Not unserer Mitmenschen. Darum bitten wir durch Christus, unseren Herrn.

*A* Amen.

**Lied**

GL 272 (Zeige uns, Herr, deine Allmacht und Güte)

# IHR SEID MIT CHRISTUS AUFERWECKT

## ANDACHT IN DER OSTERZEIT

**Kreuzzeichen** Im Namen des Vaters und des Sohnes
und des Heiligen Geistes. Amen.

**Liturgischer Gruß**

*V* Der auferstandene Herr sei mit euch.
*A* Und mit deinem Geiste.
*oder*
*V* Das ist der Tag, den der Herr gemacht.
Wir wollen jubeln und uns an ihm freuen.
Der Name des Herrn sei gepriesen.
*A* Von nun an bis in Ewigkeit.

**Einführung** Was an Ostern geschehen ist, lässt sich nicht an einem Tag feiern. 50 Tage lang singt die Kirche das österliche Halleluja. Wir sind mit Christus zu neuem Leben erstanden. Jesus lebt, er ist mitten unter uns. Wir wollen jubeln und uns an ihm freuen.

**Lied zur Aussetzung** GL 331,1–2.6 (Ist das der Leib)

**Lobpreis** Hochgelobt und gebenedeit sei das allerheiligste Sakrament des Altares.
*A* Von nun an bis in Ewigkeit.

Auferstandener Herr, wir preisen dich.
Du hast den Tod besiegt
und uns den Zugang zum ewigen Leben erschlossen.
Wir wollen jubeln und uns an dir freuen.

*Ruf* Halleluja (GL 175,2)

Auferstandener Herr, wir preisen dich.
Du thronst zur Rechten des Vaters
und wirst wiederkommen, um die Welt zu vollenden.
Wir wollen jubeln und uns an dir freuen.

*Ruf*

Auferstandener Herr, wir preisen dich.
Du hast uns den Heiligen Geist gesandt,
damit wir in deiner Kraft das Leben bestehen.
Wir wollen jubeln und uns an dir freuen.

*Ruf*

Auferstandener Herr, wir preisen dich.
Du bist in unserer Mitte als das Brot des Lebens,
als Nahrung auf dem Weg in deine Herrlichkeit.
Wir wollen jubeln und uns an dir freuen.

*Ruf*

*V* Hochgelobt und gebenedeit sei das allerheiligste Sakrament des Altares.

*A* Von nun an bis in Ewigkeit.

**Schriftwort** Lesung aus dem Brief des Apostels Paulus an die Kolosser.
Ihr seid mit Christus auferweckt; darum strebt nach dem, was im Himmel ist, wo Christus zur Rechten Gottes sitzt. Richtet euren Sinn auf das Himmlische und nicht auf das Irdische! (Kol 3,1–2)

**Impuls** „Ihr seid mit Christus auferweckt!" Dieser Vers aus dem Kolosserbrief wird gerne bei Beerdigungsansprachen zitiert. Die Trauergemeinde soll mit dem Glauben getröstet werden, dass der Verstorbene jetzt seiner Auferstehung entgegengeht. „Ihr seid mit Christus auferweckt!" Das sagt Paulus aber nicht den Toten, er sagt es den lebendigen Kolossern. Er sagt es auch jedem von uns. Seit Ostern sind wir bereits auferstanden, seit Ostern sind wir bereits neue Menschen. Seit Ostern stehen wir bereits mit einem Bein im Himmel. Wir richten unseren Sinn auf das Himmlische, weil wir dann, wenn unser irdisches Leben endet, endgültig bei Christus sind.

**Lied** GL 329 (Das ist der Tag, den Gott gemacht)

**Rosenkranzgebet**

*Gesätze*
1. Jesus, der von den Toten auferstanden ist.
2. Jesus, der in den Himmel aufgefahren ist.
3. Jesus, der uns den Heiligen Geist gesandt hat.
4. Jesus, der in seiner Kirche lebt und wirkt.
5. Jesus, der alles vollenden wird.

**Lied** GL 324 (Vom Tode heut erstanden ist)

**Meditation**

Ich weiß, dass mein Erlöser lebt.
Er in mir und so ich in ihm.
Ich bin mit ihm gestorben,
ich bin mit ihm auferstanden.
Ich weiß, dass ich lebe.
Nicht nur jetzt, sondern ewig.

Seit Ostern wird auch das Dunkel meines Lebens
vom Licht der Auferstehung überstrahlt.
Der Stein vor dem Grab meiner Enttäuschungen
ist weggewälzt,
mein Platz ist nicht mehr bei den Toten,
sondern bei den Lebenden.

Meine Fesseln sind abgefallen,
die Fesseln meiner Unzulänglichkeiten,
die Fesseln meiner Abhängigkeiten,
die Fesseln meiner Schuld.
Er hat mich hinausgeführt in die Freiheit.

Mit den Worten des Psalmisten sage ich Dank:
Meine Stärke und mein Lied ist der Herr,
er ist für mich zum Retter geworden.
Ich werde nicht sterben, sondern leben,
um die Taten des Herrn zu verkünden.
Dies ist der Tag, den der Herr gemacht hat;
wir wollen jubeln und uns an ihm freuen.

**Stille Anbetung**

**Kanon** GL 321 (Surrexit Dominus vere)

**Fürbitten** GL 644,5.6

**Vaterunser**

**Gebet** Allmächtiger Gott, jedes Jahr dürfen wir das Fest der Auferstehung deines Sohnes feiern und so immer tiefer erfahren, dass wir erlöst sind. Lass uns aus dieser Gewissheit leben und unser Leben gestalten. Darum bitten wir durch Christus, unseren Herrn.

*A* Amen.

**Segenslied** GL 498 (Das Heil der Welt)

**Gebet zum eucharistischen Segen**
GL 592,4

*oder*

**Segensbitte** Der Herr segne uns.
Er hat uns durch die Auferstehung Jesu Christi
aus Sünde und Tod befreit.
Er schenke uns österliche Freude.
Und der Segen des allmächtigen Gottes,
des Vaters und des Sohnes und des Heiligen Geistes
komme auf uns herab und bleibe bei uns allezeit.

*A* Amen.

**Schlusslied** GL 525 (Freu dich, du Himmelskönigin)

# EMPFANGT DEN HEILIGEN GEIST

## ANDACHT AN PFINGSTEN

**Kreuzzeichen** Im Namen des Vaters und des Sohnes
und des Heiligen Geistes. Amen.

**Liturgischer Gruß**

*V* Der Herr, der uns seinen Geist gesandt hat, sei mit euch.

*A* Und mit deinem Geiste.

*oder*

*V* Den Geist seines Sohnes hat Gott in unser Herz gesandt. Ihm sei Ehre in Ewigkeit.

*A* Amen.

**Einführung** An Pfingsten feiern wir das Geburtsfest der Kirche. Unsere Kirche lebt vom Heiligen Geist, sie lebt mit dem Heiligen Geist, sie lebt im Heiligen Geist. Diesem Geist wollen wir uns heute neu öffnen.

**Lied zur Aussetzung** GL 495,1–2 (Sakrament der Liebe Gottes)

**Lobpreis** Sei gepriesen, Herr Jesus Christus,
du hast uns den Heiligen Geist gesandt,
den Geist der Weisheit,
der uns befähigt,
über alles Wissen hinaus
den Grund unseres Seins zu verstehen.
Wir preisen dich:

*Ruf* Dir sei Preis und Dank und Ehre (GL 670,8)

Sei gepriesen, Herr Jesus Christus,
du hast uns den Heiligen Geist gesandt,
den Geist der Einsicht,
der unser Leben durchschaubar macht
und uns auf dich hin ausrichtet.
Wir preisen dich:

*Ruf*

Sei gepriesen, Herr Jesus Christus,
du hast uns den Heiligen Geist gesandt,
den Geist des Rates,
der uns in Lebensentscheidungen beisteht
und uns den rechten Weg weist.
Wir preisen dich:

*Ruf*

Sei gepriesen, Herr Jesus Christus,
du hast uns den Heiligen Geist gesandt,
den Geist der Stärke,
der uns die Kraft gibt,
mutig für deine Botschaft aufzutreten.
Wir preisen dich:

*Ruf*

Sei gepriesen, Herr Jesus Christus,
du hast uns den Heiligen Geist gesandt,
den Geist der Erkenntnis,
der uns hilft, Gutes von Bösem zu unterscheiden
und nach deinem Willen zu leben.
Wir preisen dich:

*Ruf*

Sei gepriesen, Herr Jesus Christus,
du hast uns den Heiligen Geist gesandt,
den Geist der Frömmigkeit,
der uns auf dich vertrauen
und uns in dir geborgen sein lässt.
Wir preisen dich:

*Ruf*

Sei gepriesen, Herr Jesus Christus,
du hast uns den Heiligen Geist gesandt,
den Geist der Ehrfurcht vor Gott,
der uns kleine Geschöpfe staunen lässt
über die Größe und die Liebe deines Vaters.
Wir preisen dich:

*Ruf*

*V* Hochgelobt und gebenedeit sei das allerheiligste Sakrament des Altares.

*A* Von nun an bis in Ewigkeit.

**Schriftwort** Lesung aus dem heiligen Evangelium nach Johannes. Am Abend des ersten Tages der Woche, als die Jünger aus Furcht vor den Juden die Türen verschlossen hatten, kam Jesus, trat in ihre Mitte und sagte zu ihnen: Friede sei mit euch! Nach diesen Worten zeigte er ihnen seine Hände und seine Seite. Da freuten sich die Jünger, dass sie den Herrn sahen. Jesus sagte noch einmal zu ihnen: Friede sei mit euch! Wie mich der Vater gesandt hat, so sende ich euch. Nachdem er das gesagt hatte, hauchte er sie an und sprach zu ihnen: Empfangt den Heiligen Geist! Wem ihr die Sünden vergebt, dem sind sie vergeben; wem ihr die Vergebung verweigert, dem ist sie verweigert. (Joh 20,19–23)

**Impuls** Die Geistsendung erreicht ihren spektakulären Höhepunkt am Pfingstfest in Jerusalem, als die Apostel von Sturm und Feuer ergriffen werden. Aber schon vorher bahnt sich dieses Kommen an. Jesus verheißt schon zu Lebzeiten seinen Jüngern den Beistand, den der Vater sendet. Den Tod Jesu am Kreuz schildern die Evangelisten übereinstimmend mit den Worten: „Dann hauchte er den Geist aus." Jetzt, am Ostertag, haucht Jesus seine Jünger an und sagt: „Empfangt den Heiligen Geist". Der Geist als Angehauchtwerden von Jesus, ein ungewohntes Bild. Und es hat anscheinend auch nicht viel bewirkt. Denn es bedurfte doch noch des Sturmes und des Feuers, um aus der verängstigen Schar der Jünger begeisterte Zeugen Jesu zu machen. Wir alle haben in Taufe und Firmung auch den Heiligen Geist empfangen, da hat uns Jesus gleichsam angehaucht. Warum merkt man da auch so wenig davon? Brauchen wir auch noch das Ergriffensein von Sturm und Feuer? Wir brauchen das Pfingstfest, dass wir wieder daran erinnert werden: Auch wir haben den Heiligen Geist. Lassen wir ihn wirken! Er gibt uns den Mut uns hinzustellen und andere zu begeistern.

**Lied** GL 346 (Atme in uns, Heiliger Geist)

**Litanei** GL 565 (Heilig-Geist-Litanei)

**Lied** GL 351,1–3 (Komm, Schöpfer Geist)

**Gebet** GL 7,2

**Stille Anbetung**

**Lied** GL 351,4–6 (Komm, Schöpfer Geist)

**Fürbitten** Wir alle haben den Heiligen Geist empfangen. Wir bitten ihn, uns aufzuwecken und anzutreiben, und rufen: Veni, Sancte Spiritus! GL 345,2

- Ergreife neu unseren Papst und unsere Bischöfe, dass sie die Kirche nach deinem Willen sicher leiten.
- Ergreife neu die Priester und Diakone, dass sie ihre Gemeinden aufbauen und lebendig gestalten.
- Ergreife neu unsere Familien, dass sie deine Liebe durch die Generationen verkünden.
- Ergreife neu alle, die in Not sind, dass sie deinen Trost und deine Hilfe erfahren.
- Ergreife neu, die sich von dir und deiner Kirche losgesagt haben, dass sie spüren, wie du sie liebst.
- Ergreife neu alle, die um einen lieben Verstorbenen trauern, dass der Glaube an die Auferstehung sie aufrichte.

**Vaterunser** Wir haben den Geist empfangen, der uns zu Kindern Gottes macht. Darum beten wir voll Vertrauen:
Vater unser …

**Gebet** Allmächtiger Gott, im Heiligen Geist schenkst du uns die Kraft, am Kommen deines Reiches mitzuwirken. Rüttle uns immer wieder auf und schenke uns neue Begeisterung, damit wir glaubwürdige Zeugen für die Frohe Botschaft sind, die dein Sohn uns gebracht hat, der mit dir und dem Heiligen Geist lebt und herrscht in alle Ewigkeit.

*A* Amen.

**Segenslied** GL 493,5–6 (Lasst uns dieses große Zeichen)

**Gebet zum eucharistischen Segen**
GL 592,4

*oder*

**Segensbitte** Der Herr segne uns mit dem Reichtum seiner Gaben,
er lasse sein Angesicht über uns leuchten
und entzünde in uns das Feuer seiner Liebe.
Das gewähre uns der dreieinige Gott,
der Vater und der Sohn und der Heilige Geist.

*A* Amen.

**Schlusslied** GL 347,4

# SELIG DER LEIB, DER DICH GETRAGEN

## ANDACHT AN MARIENFESTEN

**Kreuzzeichen** Im Namen des Vaters und des Sohnes
und des Heiligen Geistes. Amen.

**Liturgischer Gruß**

*V* Der Herr, geboren aus Maria der Jungfrau,
sei mit euch.

*A* Und mit deinem Geiste.

*oder*

*V* Maria hat uns den Heiland geboren.
Ihm sei Ehre in Ewigkeit.

*A* Amen.

**Einführung** Von Anfang an hat Gott Maria auserwählt, an seinem Heilswerk mitzuwirken. Als Tochter des Vaters, als Mutter des Sohnes und als Braut des Heiligen Geistes dürfen wir deshalb auch sie verehren. Sie ist unsere Mittlerin und Fürsprecherin bei Jesus, ihrem Sohn.

**Lied zur Aussetzung**

GL 388 (Heilig, heilig, heilig)

**Lobpreis** Sei gepriesen, Herr Jesus Christus,
Sohn des lebendigen Gottes
und Sohn der Jungfrau Maria,
Gott von Gott und Licht vom Licht,
wahrer Gott vom wahren Gott.
Wir loben dich:

*Ruf* Dir sei Preis und Dank und Ehre (GL 670,8)

Sei gepriesen, Herr Jesus Christus,
Sohn des lebendigen Gottes
und Sohn der Jungfrau Maria,
für uns Menschen und zu unserem Heil
bist du vom Himmel gekommen,

hast für uns gelitten, bist für uns gestorben
und am dritten Tag auferstanden von den Toten.
Wir loben dich:

*Ruf*

Sei gepriesen, Herr Jesus Christus,
Sohn des lebendigen Gottes
und Sohn der Jungfrau Maria,
du sitzt zur Rechten des Vaters
und wirst wiederkommen in Herrlichkeit,
deine Herrschaft wird ohne Ende sein.
Wir loben dich:

*Ruf*

*V* Hochgelobt und gebenedeit
sei das allerheiligste Sakrament des Altares.

*A* Von nun an bis in Ewigkeit.

**Schriftwort** Lesung aus dem heiligen Evangelium nach Lukas. Eine Frau aus der Menge rief Jesus zu: Selig die Frau, deren Leib dich getragen und deren Brust dich genährt hat. Er aber erwiderte: Selig sind vielmehr die, die das Wort Gottes hören und es befolgen. (Lk 11,27–28)

**Impuls** Die Monstranz: ein kostbares Gefäß, in dem Jesus in Gestalt des Brotes vor uns steht. Die Monstranz ist aus edelstem Material, weil sie für den teuersten Inhalt geschaffen wurde, für unseren Erlöser Jesus Christus. Eine noch viel kostbarere Monstranz ist Maria. Sie hat den Erlöser als Kind in ihrem Leib getragen. Gott hat sie erwählt, das Teuerste zu tragen und zur Welt zu bringen. In dieser Stunde verehren wir ihren Sohn im anbetenden Schauen, aber in der heiligen Kommunion nehmen wir ihn ganz in uns auf und werden dadurch selbst zur kostbaren Monstranz. Wir werden wie Maria und tragen den Erlöser in die Welt.

**Lied** GL 357,2 (Wie schön leuchtet der Morgenstern)

**Rosenkranzgebet**

Im Rosenkranzgebet preisen wir Jesus, den Maria uns geboren hat und der uns mit Maria in seine Herrlichkeit aufnehmen will.
Gegrüßet seist du, Maria ...
1. Jesus, den du, o Jungfrau, geboren hast.
2. Jesus, der dich, o Jungfrau, uns zur Mutter gegeben hat.
3. Jesus, der dich, o Jungfrau, in den Himmel aufgenommen hat.
4. Jesus, der dich, o Jungfrau, im Himmel gekrönt hat.
5. Jesus, der uns, wie dich, in seine Vollendung führen wird.

**Lied** GL 528 (Ein Bote kommt, der Heil verheißt)

**Magnificat** Der Lobgesang Marias ist das Magnificat.
Magnificare heißt wörtlich „groß machen".
Gott groß machen heißt:
Gottes Großartigkeit anerkennen und preisen.
Mit Maria wollen wir singen:

*Ruf* Meine Seele, preise den Herr (GL 650,3)

Groß ist der Herr,
seine Großartigkeit ist kaum zu beschreiben!
Ich bin außer mir vor Freude,
er ist mein Gott und Retter.

*Ruf*

Obwohl ich nur ein ganz einfacher Mensch bin,
hat er sich mir zugewendet.
Von jetzt an wird man auf der ganzen Welt sagen:
Schaut sie an, die Glückliche,
die der Herr erwählt hat.

*Ruf*

Gott ist groß und mächtig
und hat Großes an mir getan.
Er ist groß und heilig
und hat mich geheiligt.

*Ruf*

Alle Menschen, von Generation zu Generation,
finden bei ihm Erbarmen und Gnade,
wenn sie ihn ehren
und zu ihm halten.

*Ruf*

Wenn er seinen mächtigen Arm erhebt,
zerbricht der Hochmut der Stolzen.
Die Mächtigen stürzt er von ihren Thronen,
den Unterdrückten verschafft er wieder Geltung.

*Ruf*

Wer bis jetzt Hunger gelitten hat,
darf sich wieder satt essen,
wer aber im Überfluss lebt,
wird mit leeren Händen da stehen.

*Ruf*

Er lässt sein Volk nicht im Stich,
das hat er schon Abraham versprochen –
und alle seine Nachkommen
können sich ewig darauf verlassen.

*Ruf*

Ehre sei dem Vater und dem Sohn
und dem Heiligen Geist.
Wie im Anfang, so auch jetzt und allezeit
und in Ewigkeit. Amen.

**Kanon** GL 390 (Magnificat anima mea Dominum)

**Stille Anbetung**

**Lied** GL 523 (O Maria, sei gegrüßt)

**Fürbitten** Maria ist unsere Fürsprecherin. Mit ihr kommen wir zu Jesus Christus und bitten ihn: Erhöre uns, Christus! (GL 181,3)

- Maria hat dich in ihrem Schoß getragen. Wir beten für alle Mütter.
- Im Haus von Josef und Maria bist du herangewachsen. Wir beten für alle Familien.

- ○ Maria hat dein heilendes Wirken verfolgt. Wir beten für alle, die auf der Suche sind.
- ○ Maria ist deinen Kreuzweg mitgegangen. Wir beten für alle, die ein schweres Kreuz zu tragen haben.
- ○ Am Kreuz hast du uns Maria zur Mutter gegeben. Wir beten für unser Land und seine Gesellschaft.
- ○ Maria hat deinen Tod am Kreuz miterlebt. Wir beten für alle Verstorbenen.
- ○ Maria hat deinen Leichnam auf ihrem Schoß gehalten. Wir beten für alle, die um einen lieben Verstorbenen trauern.
- ○ Maria hat mit den Jüngern den Heiligen Geist empfangen. Wir beten für unsere Kirche.
- ○ Du hast Maria in den Himmel aufgenommen. Wir beten für uns, dass wir dieses Ziel auch erreichen.

**Vaterunser** Lasst uns beten, wie der Herr uns zu beten gelehrt hat:
Vater unser …

**Gebet** GL 650,6

**Segenslied** GL 495 (Sakrament der Liebe Gottes)

**Gebet zum eucharistischen Segen**
GL 592,4

*oder*

**Segensbitte** Auf die Fürsprache der allerseligsten Jungfrau Maria segne uns der dreieinige Gott:
der Vater und der Sohn und der Heilige Geist.

*A* Amen.

**Schlusslied** GL 522 (Maria aufgenommen ist)

# ZUR HEILIGKEIT BERUFEN

## ANDACHT – NICHT NUR – AN HEILIGENFESTEN

**Kreuzzeichen** Im Namen des Vaters und des Sohnes
und des Heiligen Geistes. Amen.

**Liturgischer Gruß**

*V* Gnade und Friede von Gott, unserem Vater,
und dem Herrn Jesus Christus sei mit euch.

*A* Und mit deinem Geiste.

*oder*

*V* Der Name des Herrn sei gepriesen.

*A* Von nun an bis in Ewigkeit.

**Einführung** Im Glaubensbekenntnis sprechen wir: „Ich glaube an die Gemeinschaft der Heiligen." Dabei denken wir dann an die Heiligen, die uns die Kirche oft als unerreichbare Idealfiguren vorstellt. Doch seit unserer Taufe gehören wir alle zu dieser Gemeinschaft der Heiligen. Wir alle sind zur Heiligkeit berufen. Diese Würde kann uns niemand mehr nehmen.

**Lied zur Aussetzung**

GL 384,2 (Hoch sei gepriesen unser Herr)

**Lobpreis** Hochgelobt und gebenedeit sei das allerheiligste Sakrament des Altares.

*A* Von nun an bis in Ewigkeit.

*V* Sei gepriesen Herr Jesus Christus,
du hast uns alle berufen, deine Zeugen zu sein.

*Ruf* Dir sei Preis und Dank und Ehre (GL 670,8)

In den Heiligen schenkst du uns Vorbilder,
wie wir deine Berufung verwirklichen können.

*Ruf*

Deine Liebe durchstrahlt unser Leben,
damit wir sie anderen weitergeben können.

*Ruf*

*V* Hochgelobt und gebenedeit sei das allerheiligste Sakrament des Altares.

*A* Von nun an bis in Ewigkeit.

**Schriftwort** Beginn des ersten Briefes des Apostels Paulus an die Korinther.

Paulus, durch Gottes Willen berufener Apostel Christi Jesu, und der Bruder Sosthenes an die Kirche Gottes, die in Korinth ist, – an die Geheiligten in Christus Jesus, berufen als Heilige mit allen, die den Namen Jesu Christi, unseres Herrn, überall anrufen, bei ihnen und bei uns. Gnade sei mit euch und Friede von Gott, unserem Vater, und dem Herrn Jesus Christus. Ich danke Gott jederzeit euretwegen für die Gnade Gottes, die euch in Christus Jesus geschenkt wurde, dass ihr an allem reich geworden seid in ihm, an aller Rede und aller Erkenntnis. Denn das Zeugnis über Christus wurde bei euch gefestigt, sodass euch keine Gnadengabe fehlt, während ihr auf die Offenbarung Jesu Christi, unseres Herrn, wartet. Er wird euch auch festigen bis ans Ende, sodass ihr schuldlos dasteht am Tag Jesu, unseres Herrn. Treu ist Gott, durch den ihr berufen worden seid zur Gemeinschaft mit seinem Sohn Jesus Christus, unserem Herrn. (1 Kor 1,1–9)

**Impuls** Paulus adressiert seinen Brief nicht an die Einwohner von Korinth, nicht an die Gemeinde von Korinth, nicht an die Christen von Korinth, sondern an die Heiligen von Korinth. Trotz aller Missstände, die Paulus dann in den weiteren Kapiteln des Briefes zu beklagen hat, bleibt er dabei: Ihr seid zur Heiligkeit berufen, Ihr seid Heilige. Und dafür dankt er Gott. Zwischen der Gemeinde von Korinth und unserer Gemeinde gibt es viele Parallelen. Deshalb dürfen auch wir das Wort des Paulus ernst nehmen: Wir sind zur Heiligkeit berufen, wir sind Heilige. Die Heiligen, die uns die Kirche im Heiligenkalender vorstellt, zeigen uns die vielfältigen Weisen, diese Heiligkeit zu leben. (So auch der/die heilige N., dessen/deren Fest wir heute feiern – *Hier kann in kurzen Worten das Leben des/der Heiligen beschrieben werden, z. B. aus dem Schott)*. Jeder von uns ist berufen, auf seine Weise und an dem Platz, an den ihn Gott gestellt hat, heilig zu sein.

**Lied** GL 483 (Halleluja … Ihr seid das Volk, das der Herr sich ausersehn)

**Meditation** Der Lehrer stellte die Frage „Was sind Heilige?"
Ein Kind, das in einer Kirche mit bunten Glasfenstern zuhause war, antwortete spontan: „Heilige sind Menschen, durch die das Licht scheint."
Ein schönes Bild: In die dunkle Kirche fällt das Licht von oben, durch die Heiligen fällt das Licht in die Kirche. Und wenn es draußen dunkel ist und die Kirche erhellt ist, fällt das Licht von drinnen durch die Heiligen nach draußen.
Dazu sind wir berufen: Das Licht von oben zu empfangen, also sich vom Licht Gottes erfüllen zu lassen, und dann das Licht nach draußen zu tragen und die Welt zu erhellen.

**Kanon** GL 219 (Mache dich auf und werde licht)

**Litanei** GL 556 (Allerheiligen-Litanei)

**Anbetung** Mit allen Heiligen wollen wir Christus in Stille anbeten.

**Lied** GL 548 (Für alle Heilgen in der Herrlichkeit)

**Fürbitten** Die Heiligen sind unsere Fürsprecher bei Gott. Mit ihnen beten wir: Gott, unser Vater, höre uns.

- ○ Wir beten für unsere Kirche: Lass sie spüren, dass sie keine Organisation von Funktionären ist, sondern eine Gemeinschaft von Heiligen.

- Wir beten für alle, die von der Kirche enttäuscht sind: Hilf ihnen, menschliches Fehlverhalten zu verzeihen und lass sie in dir Geborgenheit erfahren.
- Wir beten für die Mächtigen dieser Erde: Lass sie die Würde aller Menschen achten und für Gerechtigkeit, Frieden und Freiheit eintreten.
- Wir beten für alle, die heute noch wegen ihres Glaubens verfolgt werden: Gib ihnen den Mut zur Standhaftigkeit und ihren Verfolgern Einsicht in die Überzeugung anderer.
- Wir beten für unsere Gemeinde: Lass uns als Gemeinschaft in der Heiligkeit wachsen und so am Kommen deines Reiches in Wort und Tat mitwirken.
- Wir beten für unsere Verstorbenen: Lass sie in der Gemeinschaft der Heiligen im Himmel die ewige Vollendung erfahren.

**Vaterunser** Wir heißen Kinder Gottes und sind es. Darum beten wir voll Vertrauen:
Vater unser …

**Gebet** Gott, du hast uns zur Heiligkeit berufen. Hilf uns auf die Fürsprache der schon vollendeten Heiligen dieser Würde zu entsprechen und nach deinem Willen zu leben. Darum bitten wir durch Christus, unseren Herrn.

*A* Amen.

**Segenslied** GL 495 (Sakrament der Liebe Gottes)

**Gebet zum eucharistischen Segen**
GL 592,4

*oder*

**Segensbitte** Mit allen Heiligen bitten wir um den Segen des allmächtigen Gottes,
des Vaters und des Sohnes und des Heiligen Geistes.

*A* Amen.

**Schlusslied** GL 491 (Ich bin getauft und Gott geweiht)

# GOTT HAT EIN HERZ FÜR DEN MENSCHEN

## ANDACHT AM HERZ-JESU-FREITAG

**Kreuzzeichen** Im Namen des Vaters und des Sohnes und des Heiligen Geistes. Amen.

**Liturgischer Gruß**

*V* Der Herr, der sein Herz für uns geöffnet hat, sei mit euch.

*A* Und mit deinem Geiste.

*oder*

*V* Gott hat ein Herz für den Menschen.
Der Name des Herrn sei gepriesen.

*A* Von nun an bis in Ewigkeit.

**Einführung** Es gibt nur wenige Symbole, die in Kirche und Welt die gleich hohe Bedeutung haben. Eines davon ist das Herz. Wenn zwei sich lieben, dann verwenden sie das Bild des Herzens. Noch größer ist die Liebe, die Gott zu uns Menschen hat. Für diese Liebe verwenden wir auch das Bild eines Herzens, es ist das Herz seines Sohnes Jesus Christus. Dieses Herz ist aber mehr als ein Symbol. Gott hat seinen Sohn für uns hingegeben, das Herz ist für uns geöffnet, Gott hat ein Herz für den Menschen, er selber ist dieses Herz. Diese Liebe Gottes, die uns im Herzen Jesu begegnet, wollen wir dankbar feiern und erwidern.

**Lied zur Aussetzung**

GL 369 (O Herz des Königs aller Welt)

**Lobpreis** Hochgelobt und gebenedeit sei das allerheiligste Sakrament des Altares.

*A* Von nun an bis in Ewigkeit.

*V* Sei gepriesen, Herr Jesus Christus, durch dich ist uns Heil geworden.

*Ruf* Du Licht vom Lichte (GL 95)

Durch dein geöffnetes Herz haben wir Zugang zum Vater.

*Ruf*

Du hast die Deinen bis zum Ende geliebt.

*Ruf*

*V* Hochgelobt und gebenedeit sei das allerheiligste Sakrament des Altares.

*A* Von nun an bis in Ewigkeit.

**Schriftwort** Lesung aus dem Brief des Apostels Paulus an die Epheser.
Durch den Glauben wohne Christus in eurem Herzen. In der Liebe verwurzelt und auf sie gegründet, sollt ihr zusammen mit allen Heiligen dazu fähig sein, die Länge und Breite, die Höhe und Tiefe zu ermessen und die Liebe Christi zu verstehen, die alle Erkenntnis übersteigt. So werdet ihr mehr und mehr von der ganzen Fülle Gottes erfüllt. (Eph 3,17–19)

**Impuls** Eine Liebesgeschichte besonderer Art ist die zwischen Gott und den Menschen. Wollte man den großen Katechismus der Weltkirche in einen Satz zusammenfassen, könnte man getrost sagen: Gott liebt uns. In diesem Satz ist alles enthalten. Gott liebt uns. Und unsere Antwort auf diese Liebe ist, ihn zu lieben und nach seinem Willen zu leben. Als Bestätigung seiner Liebe gilt das geöffnete Herz Jesu. Als Bestätigung unserer Liebe müsste unser Herz offen sein für ihn und für unsere Mitmenschen. Denn Liebe sucht nach Erwiderung. Wir Menschen kennen das: Wenn unsere Liebe nicht erwidert wird, sind wir traurig und enttäuscht. Und irgendwann geben wir dann auf. Gott geht es ähnlich: Er liebt uns, und oft erwidern wir diese Liebe nicht. Aber er gibt nicht auf. Sein Herz ist immer für uns offen. Schon im Alten Testament hat er verheißen: Ich nehme das Herz von Stein aus eurer Brust und gebe euch ein menschliches Herz (Ez 36,26).

Wieviele Herzen aus Stein gibt es aber heute noch! Bitten wir Gott um ein menschliches Herz, dass wir seine Liebe von Herzen erwidern können!

**Lied** Alles Leben ist dunkel (s. S. 129)

**Litanei** GL 564 (Herz-Jesu-Litanei)

**Stille Anbetung**

**Lied** Du senkst voll Liebe deinen Blick (s. S. 126)

**Fürbitten** Zu Jesus Christus, der für uns am Kreuz sein Herz geöffnet hat, wollen wir beten: Du bist Licht und du bist Leben, Christus, unsere Zuversicht. (GL 373)

- Wir beten für unsere Kirche: Herr Jesus Christus, bleib ihr immer nahe in Wort und Sakrament.
- Wir beten für unsere Gemeinde: Gib ihr den Geist, deine Liebe sichtbar zu machen.
- Wir beten für alle, die Verantwortung tragen in Politik und Gesellschaft: Öffne ihr Herz für diejenigen, die abseits und im Schatten leben.
- Wir beten für unsere Kranken: Schenke ihnen Kraft, ihre Leiden zu tragen, und Zuversicht auf Genesung.
- Wir beten für unsere Verstorbenen: Geleite sie ins ewige Leben.

**Vaterunser** Zu Gott dem Vater, der uns als seine Kinder liebt, beten wir, wie der Herr uns zu beten gelehrt hat: Vater unser …

**Gebet** Barmherziger Gott, in deinem Sohn Jesus Christus zeigst du uns den Reichtum deiner Liebe. Schenke uns aus seinem geöffneten Herzen die Fülle der Gnade und des Lebens. Darum bitten wir durch ihn, Christus, unseren Herrn.

*A* Amen.

**Segenslied** GL 495 (Sakrament der Liebe Gottes)

**Gebet zum eucharistischen Segen**
GL 592,4

*oder*

**Segensbitte** GL 671,3

**Schlusslied** GL 464 (Gott liebt diese Welt)

# CHRISTUS SIEGER, CHRISTUS KÖNIG

## ANDACHT AM CHRISTKÖNIGSSONNTAG

**Kreuzzeichen** Im Namen des Vaters und des Sohnes
und des Heiligen Geistes. Amen.

**Liturgischer Gruß**

*V* Christus, unser Herr und König, sei mit euch.
*A* Und mit deinem Geiste.
*oder*
*V* Der Name unseres Herrn und Königs sei gepriesen.
*A* Von nun an bis in Ewigkeit.

**Einführung** Das älteste Glaubensbekenntnis der Urkirche lautete: Jesus Christus ist der Herr. Der Herr, der Kyrios, ist der, der unser Leben bestimmt, an dem wir unser Leben ausrichten, aber auch der, der für uns sorgt, dem wir unser Leben anvertrauen können.

**Lied zur Aussetzung**
GL 375 (Gelobt seist du, Herr Jesu Christ)

**Anbetung** Gelobt und gepriesen sei ohne End
*A* Jesus im allerheiligsten Sakrament.

Sei gepriesen, Herr Jesus Christus,
du hast den Tod überwunden
und bist aufgefahren in den Himmel.
Kyrie eleison. (GL 155)

Sei gepriesen, Herr Jesus Christus,
du sitzt zur Rechten des Vaters
und wirst wiederkommen,
zu richten die Lebenden und die Toten.
Christe eleison.

Sei gepriesen, Herr Jesus Christus,
König der Könige und Herr aller Herren,

Sei gepriesen, du Herr deiner Kirche.
Kyrie eleison.

*V* Gelobt und gepriesen sei ohne End
*A* Jesus im allerheiligsten Sakrament.

**Schriftwort** Lesung aus dem heiligen Evangelium nach Lukas.
Als sie Jesus gekreuzigt hatten, verlachten ihn die führenden Männer des Volkes und sagten: Anderen hat er geholfen, nun soll er sich selbst helfen, wenn er der erwählte Messias Gottes ist. Auch die Soldaten verspotteten ihn; sie traten vor ihn hin, reichten ihm Essig und sagten: Wenn du der König der Juden bist, dann hilf dir selbst! Über ihm war eine Tafel angebracht; auf ihr stand: Das ist der König der Juden. (Lk 23,35–38)

**Impuls** Welches Bild haben wir von einem König? Bei uns in Europa haben Könige heute nur noch eine repräsentative Funktion. Die eigentliche Regierung ist ja demokratisch, vom Volk gewählt, der König bestätigt das, was die gewählten Volksvertreter beschließen, er kann Legislaturperioden eröffnen, vielleicht auch mal Empfehlungen geben, aber wirklich über die Geschicke seines Landes bestimmen kann er nicht. Das Königreich Christi wünschen sich heute manche in ähnlicher Form: Christus darf repräsentieren, bei der Erstkommunion, bei der Hochzeit, er darf auch ab und zu Empfehlungen geben, aber wirklich über unser Leben bestimmen, das möchten wir schon selber. Dagegen setzt die Kirche die Monarchie Christi: Einer herrscht. Dieser eine ist nicht der Papst, nicht der Bischof, sondern Christus. Christus ist unser König, sein Regierungsprogramm finden wir in den Evangelien, z. B. in der Bergpredigt. Einer herrscht, einer ist König: Christus. Er herrscht aber nicht auf Kosten anderer, wie es viele Despoten heute noch tun. Er hat uns vorgelebt, wie ein richtiger König sein soll, er hat uns vorgemacht, wie wir miteinander umgehen sollen, er hat sogar für uns sein Leben gelassen am Kreuz. Da hängt seine Auszeichnung: Das ist der König! Das Kreuz ist sein Königsthron. So hat Jesus sein Königtum verstanden: Hingabe bis zum Letzen. Und deshalb thront er jetzt zu Recht zur Rechten Gottes, des Vaters.

**Christus-Rufe** GL 560 (Christus Sieger, Christus König)

**Stille Anbetung**

**Lied** GL 370 (Christus, du Herrscher)

**Rosenkranzgebet** GL 4,8 (Die trostreichen Geheimnisse)
*oder*
**Biblischer Lobpreis** (*nach* Kol 1,12–20)

Dankt dem Vater mit Freude!
Er lässt euch an der Herrlichkeit teilhaben,
die seine Heiligen einmal im Licht erleben werden.
Er hat uns den dunklen Mächten entrissen
und uns einen Platz im Reich
seines geliebten Sohnes gegeben.
Durch ihn sind wir erlöst,
durch ihn werden uns unsere Sünden vergeben.

*Ruf* Christus gestern, Christus heute, Christus in Ewigkeit (GL 644,6)

In ihm erkennen wir den unsichtbaren Gott,
er war schon da, bevor alles entstand.
Durch ihn wurde alles erschaffen,
alles, was man im Himmel und auf Erden sehen kann,
und auch das, was man nicht sehen kann,
Throne und Herrschaften, Mächte und Gewalten;
alles ist durch ihn geschaffen
und findet in ihm sein Ziel.

*Ruf*

Er ist das Haupt des Leibes,
und dieser Leib ist die Kirche.
Er ist der Anfang,
der erste Tote, der zu neuem Leben geboren wurde.
So hat er in allem den Vorrang.

*Ruf*

Denn Gott wollte in ihm Wohnung nehmen
mit der ganzen Fülle seiner Herrlichkeit,
um durch ihn alles zu versöhnen.
Alles, was im Himmel und auf Erden lebt,
wollte er zu Christus führen,
der Frieden gestiftet hat,
als er am Kreuz sein Blut vergoss.

*Ruf*

**Stille Anbetung**

**Lied** Du König auf dem Kreuzesthron (s. S. 127)

**Fürbitten** Zu Jesus Christus, unserem König, wollen wir beten:
Herr, du bist König über alle Welt. (GL 52,1)

- Du bist das Haupt des Leibes, das Haupt deiner Kirche: Hilf ihr, dein Reich schon in dieser Welt sichtbar zu machen.
- In dir wurde alles erschaffen: Hilf den Menschen, deine Schöpfung zu bewahren.
- Du hast Frieden gestiftet am Kreuz durch dein Blut: Gib der Welt, die von Krieg und Terror erschüttert wird, deinen Frieden.
- In dir haben wir die Erlösung, die Vergebung der Sünden: Schenke allen, die in Unrecht verstrickt sind, Reue und Umkehr.
- Du bist als Erster von den Toten auferstanden: Führe unsere Verstorbenen in die Herrlichkeit des Himmels.

**Vaterunser** Mit Christus, unserem König beten wir, wie er uns zu beten gelehrt hat:
Vater unser …

**Gebet** Großer Gott, du hast deinem geliebten Sohn alle Macht gegeben im Himmel und auf der Erde. Hilf uns, ihm als unserem König zu dienen und so dein Reich in die Welt zu tragen. Darum bitten wir durch ihn, Christus, unseren Herrn.

*A* Amen.

**Segenslied** GL 495 (Sakrament der Liebe Gottes)

**Gebet zum eucharistischen Segen**
GL 592,4

*oder*

**Segensbitte** GL 671,3

**Schlusslied** GL 228 (Tochter Zion, freue dich)

# ANDACHTEN IN BESTIMMTEN ANLIEGEN

# MEINEN FRIEDEN GEBE ICH EUCH

## ANDACHT UM DEN FRIEDEN

**Kreuzzeichen** Im Namen des Vaters und des Sohnes
und des Heiligen Geistes. Amen.

**Liturgischer Gruß**

*V* Der Herr, der uns seinen Frieden schenkt,
sei mit euch.

*A* Und mit deinem Geiste.

*oder*

*V* Der Herr schenkt seinem Volk den Frieden.
Sein Name sei gepriesen.

*A* Von nun an bis in Ewigkeit.

**Einführung** Die Sehnsucht nach Frieden in einer friedlosen Welt ist überall spürbar. Wir erwarten von den Politikern, dass sie Frieden schaffen. Das sollen sie auch tun. Aber Friede beginnt ganz unten, in unseren Herzen. Er beginnt bei Jesus Christus, der uns seinen Frieden gebracht hat.

**Lied zur Aussetzung**

GL 492 (Jesus, du bist hier zugegen)

**Lobpreis** Gelobt und gepriesen sei ohne End

*A* Jesus Christus im allerheiligsten Sakrament.

*V* Christus, du König der Völker

*A* Wir huldigen dir.

*V* Du König des Friedens
Du Brot des Lebens
Du Quelle der Gnade
Du König der Herrlichkeit

*V* Gelobt und gepriesen sei ohne End

*A* Jesus Christus im allerheiligsten Sakrament.

**Schriftwort** Aus dem heiligen Evangelium nach Johannes.
Jesus sprach zu seinen Jüngern: Frieden hinterlasse ich euch, meinen Frieden gebe ich euch; nicht einen Frieden, wie die Welt ihn gibt, gebe ich euch. Euer Herz beunruhige sich nicht und verzage nicht. (Joh 14,27)

**Impuls** Wenn die eben gehörten Worte Jesu im Gottesdienst verwendet werden, dann reichen sich die Gläubigen anschließend die Hand zum Friedensgruß. Das hat eine tiefe Bedeutung. Friede ist nicht nur Waffenstillstand. Für den Frieden muss ich etwas tun. Das erste ist, dass ich auf den anderen zugehe und ihm die Hand reiche. Und wenn ich dem Nächsten die Hand reiche, reiche ich auch Jesus die Hand. So kommt sein Friede zu mir. Und mit diesem Frieden, den ich von Jesus empfangen habe, kann ich dann auch in der Welt wirken und den Frieden verbreiten.

**Lied** Friede ist auf allen Wegen nur in Gott (s. S. 133)

**Psalmgebet** (aus Psalm 85)
Ich will hören, was Gott sagt:
Er verkündet Frieden seinem Volk
und allen, die zu ihm gehören,
allen, deren Herz für ihn offen ist.

*Ruf* Friede den Menschen auf Erden (GL 168,2 – *letzte Zeile)*

Sein Heil ist denen nahe, die ihn ehren,
dann ist unser Land erfüllt von seiner Herrlichkeit.

*Ruf*

Dann begegnen einander Güte und Treue,
dann küssen sich Gerechtigkeit und Frieden.

*Ruf*

Dann sprießt Treue aus der Erde hervor
und die Gerechtigkeit blickt vom Himmel herab.

*Ruf*

Der Herr wird seinen Segen geben
und unsere Erde wird reiche Frucht bringen.

*Ruf*

Gerechtigkeit geht dem Herrn voraus
und bahnt ihm den Weg.

*Ruf*

**Gebet** GL 680,3

**Lied** GL 472 (Manchmal feiern wir mitten im Tag)

**Stille Anbetung**

**Lied** GL 474 (Wenn wir das Leben teilen)

**Fürbitten** Zu Jesus Christus, der Frieden gestiftet hat am Kreuz durch sein Blut, beten wir:
Kyrie eleison. (GL 619,5.6)

- Wir beten für Regierungen, Diplomaten und Soldaten, die dem Frieden dienen.
- Wir beten für alle Opfer von Krieg, Terror und staatlicher Willkür.
- Wir beten für die staatlichen und kirchlichen Flüchtlingshilfswerke.
- Wir beten für alle, die auf der Flucht sind und Asyl suchen.
- Wir beten für zerstrittene Ehepaare und Familien.
- Wir beten für die verschiedenen Strömungen in Kirche und Gesellschaft.
- Wir beten für ein friedliches Zusammenleben der Religionen.

**Vaterunser** Dass das Reich des Lichtes und des Friedens komme, beten wir, wie der Herr uns zu beten gelehrt hat:
Vater unser …

**Gebet** GL 20,1 (Gebet der Vereinten Nationen)

**Segenslied** GL 495 (Sakrament der Liebe Gottes)

**Gebet zum eucharistischen Segen**

GL 592,4

*oder*

**Segensbitte** Der Herr segne und behüte uns.
Der Herr lasse sein Angesicht über uns leuchten
und sei uns gnädig.
Der Herr wende uns sein Angesicht zu
und schenke uns seinen Frieden.

*A* Amen.

Und der Segen des allmächtigen Gottes,
des Vaters und des Sohnes und des Heiligen Geistes
komme auf uns herab und bleibe bei uns allezeit.

*A* Amen.

**Schlusslied** GL 216,1.3 (Im Frieden dein)

# DAMIT ER IHN BEBAUE UND HÜTE

## ANDACHT UM DIE BEWAHRUNG DER SCHÖPFUNG

**Kreuzzeichen** Im Namen des Vaters und des Sohnes
und des Heiligen Geistes. Amen.

**Liturgischer Gruß**

*V* Der Herr sei mit euch.
*A* Und mit deinem Geiste.
*oder*
*V* Der Name des Herrn sei gepriesen.
*A* Von nun an bis in Ewigkeit.

**Einführung** Gott hat uns das Leben geschenkt. Und er hat uns die Welt geschenkt, damit wir auf ihr leben können. In seinem Sohn Jesus Christus ist er selber Teil seiner Schöpfung geworden. Ihn beten wir an und bitten um seinen Segen für uns und die Welt.

**Lied zur Aussetzung**

GL 492 (Jesus, du bist hier zugegen)

**Lobpreis** Hochgelobt und gebenedeit sei das allerheiligste Sakrament des Altares.
*A* Von nun an bis in Ewigkeit.

Herr Jesus Christus,
du warst von Gott gesandt, um die Menschen zu retten.
Wir loben dich.
*A* Wir preisen dich.

Herr Jesus Christus,
im Brot bist du jetzt unter uns,
um uns deine Nähe zu schenken.
Wir loben dich.
*A* Wir preisen dich.

Herr Jesus Christus,
du wirst wiederkommen, um die Welt zu vollenden.
Wir loben dich

*A* Wir preisen dich.

*V* Hochgelobt und gebenedeit sei das allerheiligste Sakrament des Altares.

*A* Von nun an bis in Ewigkeit.

**Schriftwort** Lesung aus dem Buch Genesis.
Da formte Gott, der Herr, den Menschen aus Erde vom Ackerboden und blies in seine Nase den Lebensatem. So wurde der Mensch zu einem lebendigen Wesen. Dann legte Gott, der Herr, in Eden, im Osten, einen Garten an und setzte dorthin den Menschen, den er geformt hatte. Gott, der Herr, nahm also den Menschen und setzte ihn in den Garten von Eden, damit er ihn bebaue und hüte. (Gen 2,7–8.15)

**Impuls** Zum Thema „Bewahrung der Schöpfung“ ist von Jesus nichts überliefert. Zu selbstverständlich war für ihn und die Menschen der Umgang mit der Natur. Und seine Frohe Botschaft war gespickt mit Beispielen aus der Natur, angefangen vom Saatkorn und Senfkorn, von den Vögeln des Himmels und den Lilien auf dem Felde bis zu Bauern, Fischern und Hirten. Er hat sich den Seinen auch in einem natürlichen Lebensmittel, im Brot, hinterlassen. In unserer technisierten Welt wird es manchmal schon schwierig, ein Gleichnis Jesu zu verstehen, weil uns der Bezug zur Natur immer mehr verloren geht. Der Auftrag Gottes, den Garten Eden, den er für uns angelegt hat, nicht auszubeuten, sondern zu bebauen und zu hüten, ist heute dringlicher denn je.

**Lied** GL 468 (Gott gab uns Atem, damit wir leben)

**Litanei** Ich-bin-Worte
Siebenmal sagt Jesus im Johannesevangelium:
„Ich bin“.

Siebenmal preisen wir ihn mit seinen eigenen Worten:

*V* Jesus, du guter Hirte
*A* Herr Jesus, dir sei Ruhm und Ehre! (GL 176,3)
*V* Jesus, Auferstehung und Leben
Jesus, Tür, durch die wir gehen
Jesus, du Weinstock
Jesus, Brot des Lebens
Jesus, Licht der Welt
Jesus, Weg, Wahrheit und Leben

Mit dem heiligen Franz von Assisi preisen wir den Schöpfer

**Sonnengesang** GL 19,2

**Stille Anbetung**

**Lied** GL 464 (Gott liebt diese Welt)

**Meditation** Gott liebt diese Welt.
So sehr, dass er seinen Sohn hergibt.
Herr Jesus Christus,
du bist Mensch geworden, ein Teil der Schöpfung.
Du bist durch die Höhen und Tiefen
des Menschseins gegangen.
Gott von Gott, aber geboren von einer Frau.
Gelitten wie ein Mensch, gekreuzigt als Mensch.
Aber von den Toten auferstanden,
heimgekehrt zu Gott, deinem Vater.
Du wirst wiederkommen, um die Welt zu vollenden
und die Menschen in den Garten Eden
zurückzubringen,
um den Garten Eden in den Idealzustand
zurückzuversetzen,
wie er von Anfang an gedacht war:
Dass Gott und Mensch und Natur in Einklang sind.
Und dass wir mit Himmel und Erde
einstimmen können
in das Loblied auf den Schöpfer.

**Lied** GL 467 (Erfreue dich, Himmel)

**Bitten** Herr Jesus Christus, du wirst wiederkommen, um die Welt zu vollenden. Wir bitten dich: Erhöre uns, Herr, erhöre uns. (GL 632,1)

- Hilf uns, verantwortungsvoll mit der Schöpfung umzugehen.
- Gib uns den Mut, gegen Umweltzerstörung einzutreten.
- Schenke uns Ehrfurcht vor dem Leben, dem ungeborenen und dem endenden.
- Gib uns einen dankbaren Blick für die Schönheit und die Gaben der Schöpfung.
- Bewahre uns vor Unwettern und Naturkatastrophen.
- Lass uns mithelfen, dass alle Menschen teilhaben an den Gütern der Erde.

**Vaterunser** Lasst uns zu Gott, unserem Vater, beten, wie Jesus uns zu beten gelehrt hat:
Vater unser …

**Gebet** Gott, Schöpfer der Welt, du hast uns die Erde gegeben, damit wir sie bebauen und hüten. Verzeihe uns, wenn wir immer wieder versagen. Schenke uns, was wir zum Leben brauchen. Gib uns aber auch Wachstum im Glauben, damit wir in dir die Vollendung finden. Darum bitten wir durch Christus, unseren Herrn.

*A* Amen.

**Segenslied** GL 495 (Sakrament der Liebe Gottes)

**Gebet zum eucharistischen Segen**
GL 592,4

*oder*

**Segensbitte** GL 671,3

**Schlusslied** GL 411 (Erde, singe)

# ALLES KANN, WER GLAUBT

## ANDACHT UM DIE ERNEUERUNG DES GLAUBENS

**Kreuzzeichen** Im Namen des Vaters und des Sohnes
und des Heiligen Geistes. Amen.

**Liturgischer Gruß**

*V* Der Herr sei mit euch.
*A* Und mit deinem Geiste.
*oder*
*V* Der Name des Herrn sei gepriesen.
*A* Von nun an bis in Ewigkeit.

**Einführung** Der Glaube gehört neben Hoffnung und Liebe zu den drei sogenannten göttlichen Tugenden, also zu den wichtigsten Eigenschaften und Lebensvollzügen eines Christen. Glaube ist – wie auch Hoffnung und Liebe – nicht etwas real Greifbares. Glaube ist eine Sache des Herzens. Glaube ist die Gewissheit, von Gott gehalten zu sein. In diesem Glauben wollen wir Christus im Sakrament des Altares verehren. Und dass uns dieser Glaube immer wieder neu geschenkt wird, darum wollen wir bitten.

**Lied zur Aussetzung**
GL 492 (Jesus, du bist hier zugegen)

**Lobpreis** Herr Jesus Christus,
wir glauben, dass du bei uns bist.

*Ruf* Dir sei Preis und Dank und Ehre (GL 670,8)

Wir hoffen, dass wir in dir die Vollendung finden.

*Ruf*

Deine Liebe trägt uns.

*Ruf*

*V* Hochgelobt und gebenedeit sei das allerheiligste Sakrament des Altares.

*A* Von nun an bis in Ewigkeit.

**Schriftwort** Lesung aus dem heiligen Evangelium nach Markus. Der Vater des besessenen Jungen bat Jesus: Wenn du kannst, hilf uns; hab Mitleid mit uns! Jesus sagte zu ihm: Wenn du kannst? Alles kann, wer glaubt. Da rief der Vater des Jungen: Ich glaube; hilf meinem Unglauben! (Mk 9,22–24)

**Impuls** Glaube ist eine Sache des Herzens. Und Glaube ist etwas ganz Persönliches. Ich glaube nicht an „etwas“, sondern ich glaube an „jemanden“. Ich glaube nicht an Sätze und Formeln, sondern ich glaube an Personen, an Gott, den Vater, an Jesus Christus, seinen Sohn, und an Gott, den Heiligen Geist. Es ist auch ein Unterschied, ob jemand sagt „Ich glaube dir“, oder ob er sagt „Ich glaube an dich“. „Ich glaube an dich“ heißt dann auch „Ich verlasse mich auf dich“. So stimmt der Spruch Jesu: „Alles kann, wer glaubt“. Denn damit verlasse ich mich fest auf Gott. Und wenn mir Zweifel kommen, ob Gott das wirklich kann, dann muss ich wie der Vater des Jungen beten: „Hilf meinem Unglauben!“

**Kanon** Alles kann, wer glaubt (s. S. 128)

**Andacht** GL 677,3 (Glaube – *ab „Stille“*)

**Lied** GL 414 (Herr, unser Herr, wie bist du zugegen)

**Stille Anbetung**

**Lied** GL 354 (Gott ist dreifaltig einer)

**Glaubensbekenntnis**

GL 586,1

Wir sprechen das Große Glaubensbekenntnis.

*A* Wir glauben an den einen Gott …

**Lied** GL 424,1.5 (Wer nur den lieben Gott lässt walten)

**Fürbitten** Mit Christus, der sich ganz auf seinen Vater verlassen hat, beten wir: Erhöre uns, Herr, erhöre uns. (GL 632,1)

- Für alle, die an dich glauben.
- Für alle, die den Kontakt zu dir und deiner Kirche verloren haben.
- Für alle, die nicht an dich glauben können.
- Für die Eltern, die ihren Kindern den Glauben vorleben.
- Für Priester, Erzieher und Religionslehrer.
- Für die Gläubigen anderer Religionen.

**Vaterunser** Lasst uns beten, wie der Herr uns zu beten gelehrt hat:
Vater unser …

**Gebet** Großer Gott, du bist das Heil aller Gläubigen. Stärke in uns das Vertrauen auf dich, dass wir in allen Lebenslagen auf deinen Beistand bauen können. Darum bitten wir durch Christus, unseren Herrn.

*A* Amen.

**Segenslied** GL 495 (Sakrament der Liebe Gottes)

**Gebet zum eucharistischen Segen**
GL 592,4

*oder*

**Segensbitte** GL 671,3

**Schlusslied** GL 430 (Von guten Mächten treu und still umgeben)

# DIE ERNTE IST GROSS

## ANDACHT UM GEISTLICHE BERUFE

**Kreuzzeichen** Im Namen des Vaters und des Sohnes
und des Heiligen Geistes. Amen.

**Liturgischer Gruß**

*V* Der Herr, der uns in seine Nachfolge ruft, sei mit euch.

*A* Und mit deinem Geiste.

*oder*

*V* Der Herr hat uns in seine Nachfolge gerufen.
Der Name des Herrn sei gepriesen.

*A* Von nun an bis in Ewigkeit.

**Einführung** Um geistliche Berufe wollen wir heute bitten. Ein geistlicher Beruf ist kein Beruf wie jeder andere. Ein geistlicher Beruf hat etwas mit Berufung zu tun. Zu einem geistlichen Beruf beruft Gott. Unser Anteil daran ist, auf seinen Ruf zu hören und dafür Sorge zu tragen, dass auch andere diesen Ruf hören können.

**Lied zur Aussetzung**

GL 492 (Jesus, du bist hier zugegen)

**Lobpreis** Gelobt und gepriesen sei ohne End

*A* Jesus Christus im allerheiligsten Sakrament.

Herr Jesus, du rufst die Menschen, dir zu folgen.
Kyrie eleison (GL 619,5.6)

Du sendest sie als deine Boten.
Christe eleison.

Herr Jesus, du Herr deiner Kirche.
Kyrie eleison.

**Schriftwort** Lesung aus dem heiligen Evangelium nach Matthäus. Als Jesus die vielen Menschen sah, hatte er Mitleid mit ihnen; denn sie waren müde und erschöpft wie Schafe, die keinen Hirten haben. Da sagte er zu seinen Jüngern: Die Ernte ist groß, aber es gibt nur wenig Arbeiter. Bittet also den Herrn der Ernte, Arbeiter für seine Ernte auszusenden. (Mt 9,36–38)

**Impuls** Was meint Jesus mit „Ernte"? Wenn er das Himmelreich meint, das mit ihm seinen Anfang nimmt, dann sind wir alle aufgefordert, daran mitzuarbeiten. Wir alle sind in der Taufe zu Priestern, Königen und Propheten gesalbt worden. Wenn Jesus sein Volk, die Kirche damit meint, dann braucht er Menschen, die sein Volk führen und leiten und durch die Spendung der Sakramente die Verbindung zu Gott aufrechterhalten. Die Bischöfe, Priester und Diakone sind nicht Herren, sondern Diener der Kirche. Und ohne diesen Dienst kann die Kirche nicht leben. Bitten wir also den Herrn, immer wieder Diener des Heiles zu berufen.

**Dank** Laie ist ein griechisches Wort und heißt frei übersetzt:
Mitglied des Volkes Gottes.
Gott hat uns alle erwählt, sein Volk zu sein.
Darüber dürfen wir uns freuen.

*Ruf* Freut euch, wir sind Gottes Volk (GL 56,1)

Der Bischof ist Laie,
Mitglied des Volkes Gottes.
Aber er hat im Sakrament der Weihe
einen besonderen Dienst am Volk übernommen:
Er soll seine Diözese leiten,
die Richtung vorgeben,
die Gläubigen vor Irrtümern bewahren
und Heil vermitteln.
Wir danken für unseren Bischof.

*Ruf*

Der Priester ist Laie,
Mitglied des Volkes Gottes.
Aber er hat im Sakrament der Weihe
einen besonderen Dienst am Volk übernommen:
Er soll im Auftrag des Bischofs
die Menschen seiner Gemeinde
auf ihren Lebens- und Glaubenswegen begleiten
und sie durch die Spendung der Sakramente,
besonders der Eucharistie und der Versöhnung,
das Heil spüren lassen.
Wir danken für unsere Priester.

*Ruf*

Der Diakon ist Laie,
Mitglied des Volkes Gottes.
Aber er hat im Sakrament der Weihe
einen besonderen Dienst am Volk übernommen:
Er soll den Priester in der Verkündigung unterstützen,
und sich besonders um die kümmern,
die am Rand der Kirche und der Gesellschaft stehen,
er soll ihre Anliegen im Gottesdienst
und in der Gemeinde zur Sprache bringen.
Wir danken für unsere Diakone.

*Ruf*

Frauen und Männer in den Orden,
haupt- und ehrenamtliche pastorale Mitarbeiterinnen
und Mitarbeiter,
alle, die zu einem Dienst in der Kirche bestellt sind,
und das ganze Volk Gottes:
Wir gehören alle zusammen dem Herrn,
den wir im Psalmgebet preisen.

**Psalm** Ps 100; GL 56,1.2

**Gebet** GL 21,3

**Lied** GL 458 (Selig seid ihr)

**Stille Anbetung**

**Lied** GL 459 (Selig seid ihr)

**Andacht** GL 678,2 (Geistliche Berufe) ab „Stille“
*Dieser Andachtsteil besteht aus Fürbitten.*

**Segenslied** GL 491 (Ich bin getauft und Gott geweiht)

**Gebet zum eucharistischen Segen**
GL 592,4

*oder*

**Segensbitte** Der Herr segne und begleite uns.
Er schenke uns Menschen, die mit uns gehen
und uns den Weg zu ihm weisen.
Und der Segen des allmächtigen Gottes,
des Vaters und des Sohnes und des Heiligen Geistes
komme auf uns herab und bleibe bei uns allezeit.

**Schlusslied** GL 456 (Herr, du bist mein Leben)

# LIEDER

# BROT VOM HIMMEL

2. Wir ziehn durch die Wüste der Einsamkeit.
Wer will mit uns gehn durch die Dunkelheit?
Herr, zeig du dich in Nacht und Tod!
Herr, zeig du dich als unser Gott.

3. Wir ziehn durch die Wüsten voll Krieg und Streit.
Wer gibt da Hoffnung in all dem Leid?
Herr, vergiss uns auch heute nicht!
Herr, zeig du dich als Hoffnungslicht.

*T und M: Xaver Käser © beim Autor*

## DU SENKST VOLL LIEBE

3. Dein Leib durchdringt geheimnisvoll den meinen,
und deine Seele eint sich mit der meinen:
Ich bin nicht mehr, was einst ich war.

4. Du kommst und gehst, doch bleibt zurück die Saat,
die du gesät zu künftger Herrlichkeit,
verborgen in dem Leib aus Staub.

5. Es bleibt das Band, das Herz mit Herz verbindet,
der Lebensstrom, der aus dem deinen quillt
und liebend jedes Glied belebt.

*T: Edith Stein 1938 M: Xaver Käser 2015 © beim Autor*

## KEHRT UM UND GLAUBT

*T: Motto Katholikentag 1982 M: Heinz Martin Lonquich 1982*
*© Carus Verlag, Stuttgart (M)*

## DU KÖNIG AUF DEM KREUZESTHRON

1. Du König auf dem Kreuzesthron,
Herr Jesus Christus, Gottes Sohn:
dein Herz, verwundet und betrübt,
hat uns bis in den Tod geliebt.

2. Die dich verworfen und verhöhnt,
hast du geheiligt und versöhnt;
im Tod hast du, o Schmerzensmann,
dein göttlich Herz uns aufgetan.

3. O Quell, der unser Leben nährt,
o Herz, das sich für uns verzehrt,
schließ uns in deine Liebe ein
und lass uns immer bei dir sein.

*T: Friedrich Dörr 1972, © Friedrich Dörr Rechtenachfolge*
*M: zu singen nach GL 144 (Nun jauchzt dem Herren alle Welt)*
*oder GL 339 (Ihr Christen, hoch erfreuet euch)*
*oder GL 351 (Komm, Schöpfer Geist, kehr bei uns ein)*

## MARANANTHA – HERR, KOMM DOCH WIEDER

2. Als ein Kind in Bethlehems Stall,
als des Geistes Wind in der Welten All.

3. In deiner Kirche so neu und gut.
Im Sakrament von Fleisch und Blut.

4. In unserer Liebe, dem Bruder getan,
kommst du, o Herr, noch heute an.

*T u M: P. Caspar Ballestrem OFMCap*

## ALLES KANN, WER GLAUBT

*T: nach Mk 9,23 M: Xaver Käser © beim Autor*

## ALLES LEBEN IST DUNKEL

*T: Maria Luise Thumair 1971 M: Wolfgang Menschick 1973*

*© Christophorus Verlag, Freiburg*

## TISCHLIED

2. Er lässt, der Not zu wehren,
der Not in aller Welt,
die Brote sich vermehren,
die er in Händen hält.

3. Er sagt: Ihr sollt den steilen
Weg gehen bis ans Ziel,
sollt mit dem Bruder teilen,
aus wenig machen viel.

4. Er sagt: Geh, sei mein Bote,
teil aus an meiner statt,
zwei Fische und fünf Brote,
und alle werden satt.

*T: Rudolf Otto Wiemer © Rudolf Otto Wiemer Erben, Hildesheim*
*M: Ludger Edelkötter © KiMu Kinder Musik Verlag GmbH, 50259 Pulheim*

## WIR WOLLTEN SEINE FREUNDE SEIN

2. Wir wollten ihn so lieben / und sind nicht da geblieben.
Sie packten ihn und haben ihn verletzt, geschmäht,
da war es schon zu spät. KV

3. Wir ließen ihn uns rauben / mit unserm kleinen Glauben.
Und wenn er da nach Golgatha allein jetzt geht,
dann ist es viel zu spät. Kv

*T: Rolf Krenzer M: Peter Janssens*
*aus: Von Jesus will ich singen, 1987*
*© Peter Janssens Musik Verlag, Telgte – Westfalen*

## LOB SEI DIR CHRISTUS

1. Lob sei dir, Christus, du ewiger König der Zeiten,
du willst dein pilgerndes Volk auf dem Wege geleiten.
In dieser Welt hast du errichtet dein Zelt,
um uns dein Mahl zu bereiten.

2. Herr, um dein Leben in unsere Herzen zu senken,
willst du im Opfermahl selber als Speise dich schenken.
„Esst meinen Leib, dass ich in euch immer bleib.
Tut dies zu meinem Gedenken!"

3. Frieden hast du zwischen Gott und den Menschen verkündet,
ewig den Neuen Bund sterbend am Kreuze begründet.
Herr, durch dein Blut machst du gerecht uns und gut,
Blut, das mit dir uns verbindet.

4. Ewiger Hirt, der zum heiligen Volke uns einte,
aus allen Völkern versammelst du deine Gemeinde.
Aus nah und fern huldigen dir, unserm Herrn,
treu deine Jünger und Freunde.

*T: Friedrich Dörr 1976 © Friedrich Dörr Rechtenachfolge*

*M: zu singen nach GL 392 (Lobe den Herren)*

## SIMON, DU SCHLÄFST?

*T: mach Mk 14,37 M: Xaver Käser*

# WILLKOMMEN

2. Ein Fenster und ein Licht, ein Lächeln im Gesicht,
die Hand, die Brot austeilt, ja, Brot austeilt,
ja, Brot austeilt, der Seele, die verweilt.

3. Ein Wort und auch ein Lied, das Wunder, das geschieht,
der Himmel, der da ist, ja, der da ist,
ja, der da ist, wo du willkommen bist.

4. Ein Dank und ein Gebet, die Kraft, die neu aufsteht,
der Weg, der feste Schritt, der feste Schritt,
der feste Schritt. Die Liebe, die geht mit!

*T u M: © Kathi Stimmer-Salzeder, D-84544 Aschau am Inn*
*aus Liederbuch „Lied der Hoffnung"*

## WO ZWEI ODER DREI

*T: Mt 18,20 M: © Jesusbruderschaft, Gnadenthal*

## FRIEDE IST ALLWEG IN GOTT

*T u M: © Kathi Stimmer-Salzeder, D-84544 Aschau am Inn aus Liederbuch „Lied der Hoffnung“*

# LOB SEI DEM HERRN

4. K Schaut auf den Herrn: / Seht, seine Engel / walten um euch, zur Rettung gesandt. / A Kostet und seht …

5. K Fürchtet den Herrn / ihr seine Frommen; / denn die ihn fürchten, leiden nicht Not. / A Kostet und seht …

6. K So spricht der Herr: / Lasset das Böse, / suchet den Frieden, jaget ihm nach / A Kostet und seht …

7. K Hofft auf den Herrn, / er ist bei allen, / die in des Herzens Drangsal ihm nahn. / A Kostet und seht …

8. K Danket dem Herrn, / unserm Erlöser. / Nie geht zugrunde, wer auf ihn baut. / A Kostet und seht …

*T: Erhard Quack und Manuel Thomas 1940/1967 nach Psalm 34*
*M: Eberhard Quack 1940 © Verlag Herder, Freiburg*

## IHR CHRISTEN, SINGET HOCHERFREUT

1. Ihr Christen, singet hocherfreut,
der Herr der ewgen Herrlichkeit
ist von dem Tod erstanden heut. Halleluja

2. Zwei Jünger gingen nach Emmaus hin,
ihr Herz war schwer, betrübt ihr Sinn.
All ihre Hoffnung war dahin. Halleluja.

3. Ein Fremder trat an ihre Seit:
„Was seid ihr so voll Traurigkeit?“
Da klagten sie ihm all ihr Leid. Halleluja.

4. „Am Kreuz starb Jesus, unser Herr.
Wir glaubten und wir hofften sehr,
dass Jesus der Messias wär!“ Halleluja.

5. „Kleingläubig seid ihr und verzagt!
Habt ihr denn nicht die Schrift befragt?
Dies alles war vorhergesagt. Halleluja.

6. Erfüllt war des Gesalbten Zeit!
Durch Leid und Kreuz war er bereit,
zu gehn in seine Herrlichkeit.“ Halleluja.

7. Indes erlosch des Tages Schein.
„S'ist Abend, Herr. Kehr bei uns ein!“
Er blieb und ging ins Haus hinein. Halleluja.

8. Den Jüngern war das Herz entbrannt.
Er brach das Brot in seiner Hand:
Da haben sie den Herrn erkannt. Halleluja.

9. An diesem Tag, den Gott gemacht,
sei Lob und Ehr und Preis und Macht
dem Allerhöchsten dargebracht. Halleluja.

*M: zu singen nach GL 322 T: Str. 1: nach einer Übersetzung des lat. „O filii et filia“ von Jean Tisserand vor 1494 durch Christoph Moufang 1865 / Str. 2–9: Maria Luise Thurmair / aus: Paul Ringseisen, Morgenlob-Abendlob, Band I Fastenzeit-Osterzeit, promultis Verlagsbuchhandlung GmbH*

# Konkrete Liturgie

JOHANNES PUTZINGER (HG.)

... und zeig uns deinen Sohn

***Rosenkranzandachten***

***168 Seiten, kartoniert***
***ISBN 978-3-7917-2734-9***
***auch als eBook***

»In der Jungfrau Maria ist alles auf Christus bezogen und alles hängt von ihm ab«, schrieb Papst Paul VI. – Das Rosenkranzgebet, das er in einer eigenen Enzyklika empfahl, trägt dazu bei, Jesus Christus nicht nur zu verehren, sondern ihn auch kennenzulernen. »... und zeig uns deinen Sohn« – diese Bitte wird in der alten marianischen Antiphon »Salve regina« an Maria gerichtet.
Das Buch enthält neue Andachten zum Rosenkranzgebet, in denen Jesus Christus in seinem Leben für uns im Mittelpunkt steht und meditiert wird. Sie können helfen, sich dem Geheimnis des Gottessohnes zu nähern – an der Hand Marias: Sie macht »allen, die suchen, den Sohn offenbar« (GL ).

VERLAG FRIEDRICH PUSTET

Verlag Friedrich Pustet
Unser komplettes Programm unter:
www.verlag-pustet.de

Tel. 0941 / 92022-0
Fax 0941 / 92022-330
bestellung@pustet.de